O QUE A VIDA ME ENSINOU

www.versar.com.br www.saraivauni.com.br

O QUE A VIDA ME ENSINOU

PARA NÃO DEIXAR A CONQUISTA ESCAPAR PELOS DEDOS

REINALDO POLITO

VERSAR

Editora Saraiva

ISBN 978-85-02-08654-8

CIP-BRASIL. CATALOGAÇÃO-NA-FONTE
SINDICATO NACIONAL DOS EDITORES DE LIVROS, RJ

P83q

Polito, Reinaldo
O que a vida me ensinou : para não deixar a conquista escapar pelos dedos/ Reinaldo Polito - São Paulo : Saraiva : Versar, 2009

ISBN 978-85-02-08654-8

1. Polito, Reinaldo. 2. Empresários - Brasil - Biografia.
3. Oradores - Brasil - Biografia 4. Oratória I. Título

09-5171 CDD: 926.58
CDU: 929:658

Editora Saraiva
Diretora editorial: Flávia Helena Dante Alves Bravin
Gerente editorial: Marcio Coelho
Editoras: Rita de Cássia da Silva
Juliana Rodrigues de Queiroz
Produção editorial: Viviane Rodrigues Nepomuceno
Suporte editorial: Rosana Peroni Fazolari
Marketing editorial: Nathalia Setrini
Aquisições: Gisele Folha Mós

Editora Versar
Editor: Luís Colombini
colombini@versar.com.br

Arte, produção e revisão: Editora Versar
Capa: Aero Comunicação

*Agradeço à minha mulher, Marlene,
e às minhas filhas Roberta e Rachel
por terem lido este livro e
dado sugestões tão preciosas.*

*Dedico este livro
a meu amigo Cesar Romão.*

SUMÁRIO

POUCO MAIS DE DUAS PALAVRAS

Quando o editor Luís Colombini me propôs a aventura de escrever um livro contando um pouco da minha vida e da minha carreira profissional, fiquei animado, mas ao mesmo tempo preocupado. Colombini justificou o convite dizendo que os leitores teriam interesse em saber como, entre tantos cursos de oratória, o meu conseguiu se sobressair. Fiquei dividido. Por um lado, a minha vida, marcada por lutas e desafios, poderia, quem sabe, servir de estímulo para pessoas que desejam ser bem-sucedidas em suas atividades. Mas, por outro, me senti pressionado pelo risco de parecer pretensioso, como se estivesse querendo contar vantagem dos meus feitos. Quase desisti. Resolvi, entretanto, contar de coração aberto a história da minha trajetória profissional sem mascarar nenhum fato.

Não escondi minha origem humilde nem a falta de traquejo que marcou os primeiros anos da minha carreira. Enfatizei bastante minha ingenuidade como aprendiz de empresário. Teria sido simples dizer que todas as minhas conquistas foram planejadas e ordenadas dentro de uma proposta organizada desde o princípio. Se agisse assim, não seria fiel aos fatos nem verdadeiro na minha narrativa. Diante dessa sinceridade, me senti à vontade para mostrar como acontecimentos que poderiam ser desanimadores foram o combustível que me instigou a continuar sempre em frente, mesmo quando todas as portas pareciam estar fechadas.

Acredito que o fracasso ou o sucesso de uma carreira não tem apenas um ou outro motivo. São vários fatores que se somam para produzir o conhecimento e a experiência que mostrarão os caminhos a serem trilhados. Por isso, mencionei todos os momentos que julguei relevantes desde o início da minha formação, seja escolar ou profissional. Não sei bem quais fatos foram realmente determinantes na minha trajetória. Talvez os motivos mais importantes tenham passado despercebidos até para mim mesmo. Penso, entretanto, que as decisões que tomei ou fui obrigado a tomar, sem ter na época muita noção das consequências, me trouxeram até esta conversa que pretendo manter com você.

Algumas dessas histórias já estavam prontas em artigos e livros que escrevi. Como cabiam perfeitamente na sequência das minhas descrições, achei interessante aproveitá-las também nesse contexto. Espero que goste do que vai ler e que use essas informações para se realizar e ser mais feliz. Se em algum momento achar que estou me vangloriando das minhas façanhas, peço que releve. Fiz de tudo para não parecer assim, mas, como você irá notar, sou um apaixonado pelo que faço, e a paixão quase sempre turva um pouco a ponderação e a lucidez.

O INFORTÚNIO TALVEZ SEJA A EXPLICAÇÃO

Antes de discorrer sobre minha história profissional, quero relatar um fato que foi muito marcante na minha vida e que, talvez, tenha sido o principal responsável por eu me tornar professor de oratória.

Nasci em Araraquara, no interior do Estado de São Paulo, e me mudei logo em seguida para a capital. A casa onde morávamos em São Paulo, no bairro do Tatuapé, tinha fogão a gasolina. Para que o cheiro não fosse para a cozinha, o tambor de combustível ficava atrás da parede, dentro do banheiro. Meu pai fazia a limpeza periodicamente, retirando a gasolina suja para lavar o tambor. Ele fechava a porta do banheiro para que o cheiro não fosse para a casa. Em um desses dias, eu o acompanhei e, sem que ninguém visse, levei um isqueiro Binga e comecei a bater com ele no bidê. O que aconteceu não tem explicação. O isqueiro acendeu, eu me assustei e o joguei no chão, onde estavam as latas de gasolina. As labaredas subiram imediatamente com fumaça sufocante para todos os lados. Meu pai, atordoado, tentando me proteger e sem enxergar nada, teve dificuldade para encontrar a fechadura da porta.

Passei alguns meses hospitalizado com queimaduras de terceiro grau nas duas pernas. O trauma foi terrível. Como consequência, perdi a fala e, quando voltei a falar, estava gago. Meus pais, que já estavam desesperados com minhas queimaduras, também ficaram muito preocupados com aquela gagueira.

Vendo a preocupação dos meus pais, um dos médicos que me tratava das queimaduras (não sei que tipo de conhecimento ele tinha sobre o assunto), sugeriu que me ensinassem algumas poesias e versinhos infantis. Disse que, assim como o cantor que é gago não gagueja quando canta, o ritmo e a cadência das poesias poderiam produzir o mesmo resultado. Como se fosse uma brincadeira, fui recitando as poesias. Não sei se foram esses exercícios que resolveram o problema, mas a gagueira desapareceu.

Moramos poucos anos em São Paulo e voltamos para Araraquara. Lá, passei a fazer, no curso primário, o que havia aprendido com os exercícios – nas festas comemorativas, por exemplo, eu ia para frente dos coleguinhas recitar poesias. A turma aplaudia, as professoras incentivavam e eu, desde muito cedo, tomei gosto pelas apresentações em público. Ainda criança, ganhei prêmios em concursos de declamação promovidos pelos serviços de alto-falante tão comuns naquela época.

Quando penso sobre o que me levou a gostar tanto de falar em público, a única resposta que encontro é essa história do incêndio, das queimaduras, dos versinhos infantis e das minhas apresentações no curso primário.

As marcas das queimaduras praticamente desapareceram, exceto algumas nos pés, que nunca me incomodaram, nem mesmo para jogar futebol. Servem para me lembrar de que não devemos nos abalar diante das dificuldades, pois até por trás de um infortúnio pode estar a porta que nos levará a caminhos promissores, que nem imaginávamos existir.

Como me tornei professor de oratória

Oswaldo Melantonio, o mais importante professor de oratória nos 50 anos em que esteve em atividade, pronunciou estas palavras no dia em que foi paraninfo de uma das turmas de minha escola: "Dona Margot, minha mulher, que sempre cuidou das finanças de nosso instituto, pediu que eu desse um recado a todos os formandos do curso do professor Reinaldo Polito. Saibam que, durante os sete anos em que ele ministrou aulas na nossa escola, jamais aceitou um centavo sequer como remuneração".

Essa lembrança me deixou muito feliz. A mensagem de Dona Margot foi um dos maiores elogios que recebi em toda a minha carreira. Para mim, ela exprime a paixão que tenho desde o princípio por essa profissão. De fato, embora precisasse do dinheiro, eu recusava remuneração pelas aulas que ministrava. Entendia que aquela atividade me dava tanta satisfação e me permitia tamanho aprendizado que eu deveria pagar, e não receber para estar ali. Era investimento. Hoje, passados trinta e tantos anos, sei que estava certo, pois aqueles sete anos foram a base para que eu aprendesse uma profissão que me proporciona alegria, felicidade e sentimento de realização. Isso não tem preço.

Certa vez conversei com meu amigo Flávio Gikovate sobre um tema em que ele se especializou – felicidade. Achei interessante o que ele me disse sobre como ser feliz a partir da vocação profissional. Segundo esse renomado psicoterapeuta, entre outros motivos, é feliz a pessoa que consegue descobrir sua vocação profissional e tem condições de se dedicar a essa atividade. Concordo com ele.

Trabalhar com prazer é sinônimo quase perfeito de felicidade. De maneira geral, ministro aulas de oratória de manhã, à tarde e à noite. Ao chegar em casa, depois de ter trabalhado os três períodos do dia, tenho ânimo para escrever artigos e livros sobre a mesma matéria. Não me canso, não me aborreço, não enjoo. Entro na sala de aula com a mesma disposição que me impulsionou desde a primeira vez.

Não planejei ser professor de oratória. Na verdade eu nem sabia da existência dessa atividade até o dia em que o acaso – ou o destino – me levou à escola do professor Oswaldo Melantonio. Eu tenho um amigo que era extremamente tímido – ficava ruborizado só pelo fato de ser apresentado a alguém. Ele sofria muito por ser assim e me confidenciou que gostaria de mudar, de ser diferente, mais desembaraçado e comunicativo. Procurei um meio de ajudá-lo e descobri com um colega de trabalho, Rogério Pecoli, que na Rua Bela Cintra, em São Paulo, havia o curso de comunicação verbal do professor Oswaldo Melantonio. Eu nunca ouvira falar nesse tal professor e no seu curso, mas o Rogério me disse que ele era muito competente.

Em uma quarta-feira à noite, fomos assistir a uma aula de apresentação do curso para saber qual era a proposta do professor. Meu amigo gostou da aula, mas não teve coragem de continuar. Eu, entretanto, que não tinha a mínima intenção de participar de um curso que ensinava a falar em público, fiquei maravilhado com o que presenciei. Nunca na minha vida vira nada igual. Naquela noite, ao voltar para casa, não consegui dormir, repassando mentalmente cada detalhe daquela experiência – os temas que foram abordados, a atmosfera da sala de aula, a inteligência, a cultura, a competência e o carisma daquele professor. Foi uma noite que mudou minha vida.

A escola tinha uma turma diferente a cada dia da semana, mas eu participava das aulas quase todos os dias. O professor Melantonio dizia:

– Polito, essa não é sua turma, esse não é o seu dia de aula, a classe já está lotada.

– Professor, não se preocupe. – respondia a ele. – Eu não preciso participar com os exercícios práticos, não me importa se não posso ir até a tribuna falar, basta apenas que eu fique aqui no fundo da sala só olhando.

O mestre logo percebeu que não era fogo de palha; viu em meus olhos o brilho de um garoto apaixonado pelo aprendizado e pelo ensino da oratória. Assim, em poucas semanas, ele me convidou para ser seu assistente. Quando perguntei o motivo de ter sido convidado, o professor me respondeu em tom quase solene que era por causa da minha paixão. Veja que interessante, ao me convidar para ser seu assistente, ele não avaliou apenas minha possível competência como orador ou como professor, mas principalmente a qualidade que julgava mais importante em um profissional: a paixão. Foi assim que durante sete anos frequentei aquela escola como aluno, depois como assistente e posteriormente como professor do curso.

Quando penso no Professor Oswaldo Melantonio, a primeira imagem que me vem à cabeça é a da sua figura sorridente, esfregando as mãos ao entrar pela porta da frente na sala de aula. Com barba sempre bem feita, terno impecavelmente passado, camisa branca de colarinho engomado, sapatos lustrosos e bochechas rosadas, reluzentes. Diante da sua figura, ninguém mais continuava falando, os alunos emudeciam em uma espécie de reverência àquele que tanto admiravam. Sua figura era eloquente e às vezes eu chegava a pensar que muito desse magnetismo era produzido pelas suas bochechas rosadas, que davam mais vida ainda à sua expressiva fisionomia.

Posso afirmar que o professor Melantonio era eloquente o tempo todo – desde os momentos de maior arrebatamento, quando os temas viajavam entre a história, a política e a filosofia, passando pelos momentos mais plácidos (se é que placidez alguma vez esteve presente no seu comportamento), até os instantes em que estava em silêncio, apenas querendo ouvir e observar.

Sua eloquência estava em cada detalhe da comunicação. Na maneira correta de usar a linguagem, sem afetação. Pelo estilo natural e elevado com que se dirigia aos alunos. Falava com alma, com vivacidade. Como ele mesmo dizia – com *anima* e *cuore*, ou alma e coração.

Há algum tempo, ao visitar nossa escola para assistir a uma de minhas aulas, do alto dos seus 80 e tantos anos, usou a palavra para falar diante dos alunos que lotavam o auditório e, com o mesmo sorriso simpático de sempre, como se avisasse que já tinha a plateia na mão, empolgou a todos – com *anima* e *cuore*!

Durante todos esses anos ouvindo o professor Melantonio nunca o vi tratar de um tema pelo qual não estivesse apaixonado. Falava com paixão da esposa Margot, dos quatro filhos, dos pais, dos alunos, do Corinthians, do socialismo e da sua eterna e inseparável amante, a oratória. Essa era sua pregação às dezenas de milhares de alunos que preparou:

– Apaixone-se por uma causa, não importa qual seja, a religião, a política, a família, o trabalho, a educação, não importa. Apaixone-se por uma ideia que julgue valer a pena defender.

Tive muita sorte em tomar a iniciativa de, naquela longínqua quarta-feira, levar meu amigo tímido para conhecer a escola. O mestre não me ensinou apenas a falar em público, mas sobretudo me preparou para o que mais sabia: ele me ensinou a ensinar – algo que, aliás, continuo aprendendo. Se alguém pegar carona no meu carro provavelmente irá ouvir um dos CDs com aulas do professor Melantonio, que gravei há mais de 30 anos. Se olhar atentamente na minha biblioteca, encontrará um enorme livro de capa preta, onde estão as apostilas encadernadas do curso, do período em que fui seu aluno.

Melantonio foi, sem dúvida, meu grande mestre e inspirador. Não fosse suficiente, ele ainda propôs meu nome para ser um dos membros titulares da Academia Paulista de Educação, da qual hoje sou diretor bibliotecário e de comunicações. Na minha posse, tivemos um momento de grande emoção ao nos abraçar. Naquela noite, mesmo sem precisar dizer nada, sabíamos que, em algum lugar no tempo, o destino havia reservado algumas páginas comuns para a história das nossas vidas.

Em todos os meus livros, faço questão de mencionar com destaque que a minha carreira profissional foi inspirada pelo professor Oswaldo Melantonio. Quando comecei a publicar minhas obras no exterior, pedi a ele que fizesse os prefácios. Primeiro, pelo prestígio que seu nome emprestaria aos livros. Depois, como uma espécie de homenagem que quis fazer a ele, divulgando seu nome em outros países.

Penso que cada um deve perseguir o sonho de encontrar uma profissão pela qual se apaixone e sinta prazer em se dedicar. A minha experiência demonstrou que a realização desse sonho depende de vocação, preparo, oportunidade, sorte e muita dedicação. De nada adianta se preparar se não existir vocação. A oportunidade talvez nem seja percebida se não houver preparo. A sorte só mostrará sua face diante da oportunidade. A dedicação só será produtiva se a sorte indicar o caminho certo. Ao olhar para trás e refletir, sinto que minha carreira foi uma conjugação de todos esses ingredientes.

Espero que você tenha tido a sorte, ou ainda venha a ter, de encontrar uma pessoa que sirva de referência e de estímulo para suas realizações. Às vezes essa pessoa já existe e não nos damos conta – pode ser uma antiga professora lá do curso primário, um chefe, um amigo, um tio; enfim, alguém que, com seu exemplo e orientação, ajude-o a pegar o rumo da vida com as mãos firmes e o coração confiante.

Acima de tudo, tomara que, como eu, você encontre a pessoa que o ajude a descobrir sua verdadeira vocação, que lhe sirva de estímulo para que se apaixone por uma atividade. E que você seja feliz, muito feliz com a profissão que abraçou ou venha a abraçar.

COMO ME TORNEI UM EMPRESÁRIO

Trabalhei por sete anos na escola do professor Melantonio. Dois anos depois de ter iniciado como seu assistente, incentivado por ele, fiz meus primeiros voos solos. Dessa forma, ministrei sozinho cursos na Associação Comercial e Industrial de São Bernardo do Campo. Um cliente do banco que era diretor da entidade foi quem sugeriu que eu desse algumas aulas para os associados. Formei ali as dez primeiras turmas.

Naquela época, só o professor Melantonio ministrava cursos com apoio de gravação em vídeo (ele foi o pioneiro no Brasil na utilização desse recurso para dar treinamento). Sem capital para esse tipo de sofisticação, eu apenas registrava as apresentações dos alunos em um gravador de som e depois as reproduzia para que pudessem ouvir seu desempenho. Ainda hoje, passados mais de 30 anos, tenho essas fitas guardadas.

Todo dinheiro que recebia era investido na promoção das novas turmas. Sabia que, naquele começo, mais importante do que o dinheiro era a projeção do meu nome. Se eu ficasse conhecido e com boa reputação, os caminhos se abririam normalmente. Adotei essa filosofia de investir em minha escola tudo o que pudesse, para que a empresa fosse sempre muito forte e eu pudesse construir uma reputação sólida durante toda a vida.

De 1975 a 1985, desenvolvi duas atividades simultaneamente. Durante o dia trabalhava no mercado financeiro como gerente de banco e, em algumas noites e nos fins de semana, atuava como professor de Expressão Verbal. O emprego no banco era muito bem remunerado. Por ser organização estrangeira, pagava bem acima da média do mercado, e eu me enquadrava em todos os requisitos exigidos para a função – conhecia matemática financeira, analisava com propriedade balanços e cadastros das empresas, tinha habilidade para negociar e era bem relacionado. Por outro lado, a escola já dava os primeiros passos. Algumas empresas solicitavam cursos *in company* (dados na própria empresa), mas eu precisava recusá-los por incompatibilidade de horário – eles queriam que os treinamentos ocorressem durante o dia, período em que eu precisava visitar os clientes.

Como é que eu poderia largar um empregão daquele? Eu estava confortável exercendo aquela atividade. Tinha um salário que permitia ter carro do ano, morar em um bom apartamento, viajar nas férias e pagar ótimas escolas para os filhos. Estaria me aventurando a abraçar uma atividade que ninguém poderia dizer o rumo que tomaria. Depois, se pedisse demissão – com despedida pomposa, como efetivamente ocorreu – e não desse certo, não teria cara de bater à porta novamente dizendo algo como "fracassei, moçada, e agora estou retornando para minha mesa de trabalho".

Fiz as contas. Se conseguisse ganhar dando aula em minha própria escola metade do que ganhava como profissional do mercado financeiro, seria a pessoa mais feliz e realizada do mundo. Entre continuar fazendo o que gostava e arriscar a fazer o que era uma paixão, mesmo com o risco de ganhar só a metade, fiquei com a segunda. Fui.

Não contava com o que ocorreu logo em seguida. Apenas uma semana depois de ter deixado o banco, consegui fechar com uma grande empresa de auditoria e consultoria cinco cursos que me renderam uma remuneração que eu só ganharia com seis meses de trabalho no banco. Não fiz a opção profissional pelo dinheiro, mas o resultado financeiro veio imediatamente. Se tivesse continuado no banco, não poderia assumir o compromisso com esses treinamentos.

No começo, quando ainda trabalhava no banco, era tudo muito precário. Montei a sala de aula em um dos cômodos onde funcionava o consultório dentário da minha ex-mulher. Uma sala estreita, com capacidade para 25 pessoas, ou 27 se apertasse bem. Comprei cadeiras usadas de uma empresa que estava trocando os móveis – um de meus alunos trabalhava lá e facilitou a negociação. Para as primeiras aulas, pedia emprestado de um amigo uma câmera e um vídeo. Como as câmeras estavam surgindo naquela época, não havia tripé apropriado – era preciso improvisar uma caixa de papelão para apoiar a câmera. Também tenho algumas dessas filmagens guardadas.

Como eu não tinha dinheiro para investir em campanha publicitária, desde a época em que estava no banco visitava amigos que eram gerentes em outras agências, pedia emprestada a caixa com os cartões de visita dos seus clientes, datilografava os nomes e endereços à noite e nos finais de semana, e devolvia a seguir. Assim pude montar meu primeiro banco de dados.

Os folhetos eram feitos em uma só cor, sem nenhuma arte. O primeiro comentário que ouvi sobre a minha "peça publicitária" foi desanimador. Disseram-me que pareciam os folhetinhos de remédio que eram distribuídos na Praça da Sé, no centro de São Paulo. Além disso, eu fazia cartazes à mão e os afixava na porta dos estacionamentos – em um deles, o proprietário retirava e rasgava a propaganda todos os dias. Eu, porém, não desistia e, no dia seguinte, lá estava o cartazinho afixado de novo.

A secretária do consultório, Dione, que continua comigo até hoje, atendia aos poucos telefonemas que chegavam. Para conquistar os alunos, eu ministrava aulas de apresentação gratuitas. As pessoas interessadas em conhecer o curso assistiam a uma dessas aulas e depois tomavam a decisão de se matricular ou não. Continuo com essa prática até hoje.

Os dias de aula de apresentação eram um sufoco. Eu rezava para ninguém marcar reunião no banco próximo do horário do fim do expediente, senão chegaria atrasado para a aula. Muitas vezes tive de sair correndo e ministrar a aula sem comer nem um simples sanduíche. O "grande mestre da oratória" chegando esbaforido, cansado de um dia de trabalho, com fome e precisando despejar "seu charme" para seduzir os alunos.

Outro martírio provocado pelas aulas de apresentação era o fato de a casa em que funcionava a escola não possuir estacionamento. Para que os interessados em assistir à aula não parassem em frente à garagem dos vizinhos, eu "me escalava" para orientar as pessoas a estacionar o carro. Chegava a ser engraçado, o guardador de carros que as pessoas conheciam na rua era o mesmo que aparecia depois para ministrar a aula. Pior que, depois que eu iniciava, sempre chegava alguém atrasado e, lógico, parava na frente da garagem do vizinho mais encrenqueiro. Ele não perdoava, botava a mão na buzina e não tirava enquanto o dono do carro não fosse retirar o veículo. Sem contar que o vizinho do lado estava sempre reclamando do barulho produzido pelos exercícios dos alunos. Realmente tinha tudo para não dar certo.

Trabalhei um tempo na informalidade até poder abrir a empresa legalmente. Continuei trabalhando no banco durante o dia e dando aulas à noite e aos sábados pela manhã. A escola foi tomando corpo e se firmando, mas tudo ainda muito rudimentar. O meu amigo Oswaldo Marchesi gosta de contar a impressão que teve quando foi assistir a sua primeira aula: "Aquilo parecia uma arapuca. Tudo escuro, sem ninguém para me recepcionar, sem placa na frente do prédio. Não sei como não dei meia volta e bati em retirada". Ele decidiu entrar, mas muitos devem ter desistido sem que eu soubesse.

Mesmo com toda a minha inexperiência e ingenuidade, movido mais pela voluntariedade do que pela competência gerencial, por mais que fosse difícil, sempre acreditei que a falta de dinheiro – ou de estrutura física e de respaldo técnico – jamais poderia servir de desculpa para que o projeto de meu sonho não pudesse ser concretizado. Não tinha dúvidas de que, se uma pessoa estivesse efetivamente comprometida com a realização de seus ideais, suplantaria sempre os obstáculos com a força e o poder de sua determinação. Se o curso de Expressão Verbal não fosse minha legítima aspiração, eu teria à disposição todos os motivos para justificar a desistência ou o fracasso daquela empreitada. Mas, como era, eu fazia o meu melhor com a certeza de que não só não estava enganado como superaria todos os obstáculos.

Durante essas décadas em que dou aulas de oratória, mantive (e mantenho) contato com empreendedores e profissionais de todos os níveis. Assim, tive oportunidade de ouvir justificativas de insucessos de toda natureza. Muitas dessas explicações se apoiam em argumentos aparentemente irrefutáveis: da falta de capital, passando por planos e decretos governamentais que inviabilizaram o negócio, até a quase sempre presente falta de sorte. Nunca os contestei porque na maioria das vezes percebi sinceridade em suas palavras. Provavelmente, jamais concordariam comigo se lhes dissesse que o verdadeiro motivo não fora mencionado. Se eu afirmasse que, se tivessem sido determinados e comprometidos, se acreditassem de verdade na obra que pretendiam construir, enxergariam a solução que precisavam. Poderiam cair uma, duas, até dezenas de vezes, mas não desistiriam – e, por isso, conseguiriam realizar o que desejavam.

Comigo foi assim: depois que deixei o banco e pude me dedicar totalmente à escola, as coisas mudaram. Contratei um escritório de contabilidade, uma secretária e um vigia. Agora tinha gente para atender ao telefone, recepcionar os alunos e orientar o estacionamento na rua.

A escola cresceu – até que estagnou em um ponto e não deslanchava mais. Refleti e concluí que só uma boa campanha publicitária resolveria, daquelas com mala direta e anúncios em jornal de grande circulação. Só que não havia dinheiro para tamanha empreitada. Essa talvez tenha sido umas das decisões mais difíceis de minha vida profissional: valia arriscar tudo o que eu tinha em publicidade? O risco era maior do que as minhas pernas. Somei tudo o que tinha: apartamento, carro, telefones (que naquela época valiam muito), enfim, tudo o que era meu e estava pago. Decidi arriscar. Se desse errado, venderia meus bens, pagaria a dívida e começaria novamente, do zero.

Vejo assim a questão do risco. Se um empreendedor desejar arriscar em seu negócio, deverá medir as consequências e estar pronto para suportá-las, caso o resultado seja negativo. Se o risco for grande demais e houver o perigo de comprometer o patrimônio, sem chances de recuperação caso a empreitada não dê certo, acredito que não deveria pôr todo o seu futuro em jogo. Se, entretanto, o resultado não for bom, mas seja possível reconstruir tudo de novo com trabalho e sacrifício, caberá a ele avaliar se vale a pena ou não.

A primeira tentativa foi inesquecível. E aterrorizante. Liguei para uma agência de publicidade e disse que queria fazer um bom anúncio no Estadão de domingo, em página nobre no primeiro caderno. Só esse anúncio já arrebentava com boa parte do orçamento, mas fiz mesmo assim. No domingo levantei bem cedinho e fui até a banca, ansioso para ver como havia ficado. Quando abri o jornal, quase caí de costas. O anúncio trazia Curso de Expressão Verbal grafado com "s" no lugar do "x" – Curso de Espressão Verbal. Foi uma vergonha, não sabia onde enfiar a cara. Muitas pessoas ligavam para ironizar: "Vocês ensinam só a falar ou a escrever também?".

Eu estava decidido a não permitir que esse problema transformasse em pesadelo o maior de todos os sonhos que eu já havia sonhado. Naquele instante de aflição, só tinha duas opções: fugir ou enfrentar. Ou enfrentava o desafio e saía vitorioso, ou me escondia como um covarde, elegendo como culpados o azar e a falta de competência daqueles que me prejudicaram.

De uma maneira ou de outra, todos os problemas que já havia enfrentado tiveram solução. Na verdade, não apenas foram solucionados como alguns se constituíram em poderosas vertentes para novos e promissores caminhos. Além da minha própria experiência, testemunhei situações desesperadoras que acabaram por se transformar em estopim para conquistas até então impensadas. Não foram poucas as vezes em que vi a desgraça da demissão de um empregado se transformando na oportunidade para que ele descobrisse que possuía uma extraordinária veia empreendedora, e pudesse ser bem-sucedido como empresário. Assim como pude acompanhar a tristeza de um casamento desfeito se tornar em chance para um novo e feliz relacionamento.

Por isso, por maior que fosse meu desespero, minha vergonha e meu grau de frustração, em nenhum momento abaixei a cabeça ou pensei em desistir. Acreditei. Sabia que se procurasse com empenho encontraria uma luz para me guiar. Fui atrás, e a descobri mais rápido do que poderia imaginar.

Aquele erro acabou sendo providencial. Como a responsabilidade da falha foi da agência, para compensar publicaram sem custo o mesmo anúncio – mas corrigido – no domingo seguinte. Ou seja, eu, que estava em condições de fazer apenas um anúncio, acabei conseguindo dois. Como era bem no início, não chegou a comprometer a imagem da escola. E não foi só isso. Fiz também outros anúncios menores. E ali o texto saiu com o endereço incorreto. No lugar de 2226 saiu 2236.

Mais uma vez tiveram de repetir o anúncio. Não foi difícil pedir ao morador do número que saiu no anúncio para encaminhar as pessoas para a minha escola, que ficava ali perto.

A campanha deu resultado. Não precisei vender nada e o curso deu uma boa arrancada. Cresceu, se projetou, até se tornar a maior estrutura instalada para o ensino de expressão verbal do mundo. Há grandes cursos em universidades, mas, se levar em conta apenas uma estrutura especializada nessa atividade, não temos concorrente. Passaram pela nossa escola mais de 50 mil alunos. É a população de uma boa cidade.

Eu sabia que se o meu nome e o da escola fossem bem projetados, o resultado seria positivo. Por isso, durante muitos anos, destinei 90% da receita líquida dos cursos para investir em propaganda. Ficava com apenas 10% para me manter e pagar as despesas normais. Sempre me criticaram muito por ter tomado essa iniciativa. Os amigos me chamavam de ingênuo e irresponsável por reinvestir quase tudo em publicidade. Diziam que eu jamais seria um bom empresário, pois não tinha noção de como administrar meu negócio.

Diante das críticas sinceras daqueles que me cercavam, várias vezes parei para refletir e em alguns momentos cheguei a fraquejar. Será que eu estava marchando contra a correnteza em meio a uma tropa onde muitos já haviam acumulado conhecimentos e vitórias? Afinal, eu aprendera que aproveitar a experiência de outras pessoas é sinal de sensatez. Por outro lado, a intuição me dizia que seguir a direção da manada apenas porque parecia ser a decisão mais segura (e não a mais acertada) poderia ser um passo em falso que talvez me impedisse de combater minha maior deficiência naquele momento: a mesmice cinzenta do anonimato. Seria mais confortável, mas esse resultado, na melhor das hipóteses, só teria o mérito de servir de proteção e refúgio para a decisão de não querer ou não saber lutar.

Essa teimosia me ajudou a dar um dos passos mais importantes nessa minha trajetória como empresário. A iniciativa de reinvestir quase toda a receita dos cursos em meu negócio foi um dos principais fatores que me tornaram conhecido e me destacaram na atividade que abracei.

Passados tantos anos, ainda encontro pessoas que se lembram dos anúncios de página inteira que eu fazia na capa de caderno no Estadão e na Folha. Mais: elas comentam que, ao verem propagandas tão chamativas acompanhas de até dez anúncios menores em uma mesma edição, deduziam naturalmente que, com certeza, não se tratava de um aventureiro ou principiante. Mesmo remando contra a maré, tomei a decisão certa.

Acidentes de percurso: Criando na dificuldade

Foram muitos os acidentes de percurso, mas um deles foi especial. Os negócios caminhavam muito bem. Os cursos se realizavam normalmente até que chegou uma turbulência inesperada nos anos 1990: o plano Collor, que, como é sabido, deixou todos os brasileiros com uma quantidade mínima de dinheiro – insuficiente para manter e impossível para desenvolver qualquer atividade empresarial. Eu precisava promover as novas turmas, mas, sem dinheiro, fiquei de mãos atadas.

Sem perspectiva de mudança da situação em curto prazo, precisei encontrar saídas para contornar a circunstância, que era quase desesperadora. Desde a época em que iniciei a formação do meu banco de dados, copiando os nomes e endereços dos cartões dos colegas gerentes de banco, adquiri o hábito de preparar e enviar malas diretas. Aí poderia estar a saída, mas, com o dinheiro que tinha em mãos, o alcance seria pequeno. Estudei algumas formas que pudessem viabilizar a promoção das novas turmas até que tive uma ideia salvadora. Fui até a Editora Abril, empresa da qual eu alugava regularmente o *mailing* com o nome dos assinantes das suas principais revistas. Imaginei que mesmo sendo grandes e poderosos eles também deviam estar à procura de soluções alternativas. Por isso, arrisquei fazer uma proposta. Para minha felicidade, ela foi aceita sem objeções.

Sugeri que eles me fornecessem as etiquetas com os nomes e se responsabilizassem pela etiquetagem. Ficariam por minha conta as despesas com a postagem. Em contrapartida, eu permiti que eles colocassem uma propaganda deles dentro do mesmo envelope. Lógico que essa ação enfraqueceria a força da peça, pois dois folhetos com informações de produtos diferentes podiam desviar a atenção do destinatário. Por outro lado, não havia outra saída – ou eu viabilizava essa maneira inusitada de divulgar o curso ou não teria condições de fazer a promoção.

O resultado foi excelente. Como naquela situação de penúria poucas empresas estavam em condições de investir em mala direta, a quantidade de correspondências que chegavam até os assinantes de revistas era pequena. Com isso, eles prestaram mais atenção no que tinham em mãos – na propaganda das revistas da Abril e também na mensagem que enviamos a respeito dos cursos. Assim, estava garantida a procura para as aulas de apresentação. Além disso, todos os nossos fornecedores concordaram em esticar os prazos de pagamentos. Dessa forma, pudemos também aumentar o número de parcelas aos nossos alunos. Foram essas ações que garantiram a sobrevivência do curso.

Esse foi um dos instantes mais delicados da minha trajetória de empresário. Sem divulgação, as novas turmas não poderiam ser formadas e, sem novas turmas, a empresa não teria como continuar. Esse tipo de encruzilhada não é raro na vida de qualquer empreendedor. Nesses momentos, é preciso manter a serenidade e agir rápido para superar os obstáculos que podem surgir quando menos se espera. Acredito muito que são esses momentos de maior dificuldade que nos obrigam a usar a criatividade e a melhorar a atuação empresarial.

Ninguém faz nada sozinho

De nada adianta ter uma estrutura maravilhosa ou acertar na campanha publicitária se não existir uma equipe competente para tocar o negócio. Saber escolher bem as pessoas para trabalhar comigo talvez tenha sido um dos meus maiores méritos profissionais.

O primeiro foi o Professor Jairo Del Santo Jorge, que está comigo há cerca de 30 anos. Foi meu aluno logo nas primeiras turmas do curso e percebi que ele possuía enorme potencial para atuar como professor de oratória. Falava bem, gostava de se relacionar com os colegas de classe, era inteligente e bem-humorado. Quando o convidei pela primeira vez, ele recusou dizendo que não se sentia capacitado para desenvolver aquele trabalho. Algumas semanas depois, durante um exercício, ele disse na frente dos colegas que eu o havia convidado para ser professor do curso e que, se o convite ainda estivesse de pé, aceitaria. Essa decisão foi boa para mim, para ele e especialmente para os alunos, que tiveram a sorte de poder contar com um professor tão competente. Depois de 30 anos trabalhando juntos todos os dias, posso dizer que o conheço bem. Não creio que exista uma escola de oratória que tenha um professor com a habilidade pedagógica do Jairo. Nunca presenciei uma aula desse carismático professor em que os alunos deixassem de rir. Ele é naturalmente engraçado, gosta do que faz e é trabalhador.

Durante muito tempo, quase dez anos, eu e o Jairo gravávamos nossas aulas todos os dias para assisti-las depois que os alunos se retiravam. Analisávamos detalhe por detalhe para verificar se estávamos aplicando de maneira correta as mesmas técnicas que ensinávamos em sala de aula. Foi assim, com estudo, disciplina e observação, que aperfeiçoamos nossa própria comunicação. Sabíamos que, para ter credibilidade, deveríamos ser o exemplo de todos os ensinamentos que ministrávamos. Se falávamos que dicção era importante, a nossa pronúncia deveria ser perfeita. Se orientávamos como gesticular e se posicionar, nossa expressão corporal não poderia sofrer reparos. Se recomendávamos que o vocabulário precisaria ser amplo e ativo, as palavras teriam de brotar naturalmente em nossas apresentações. Por isso, nós nos dedicamos anos a fio a esse trabalho obstinado de aprimoramento da nossa comunicação – um estudo que hoje nos dá tranquilidade, pois sabemos que praticamos tudo o que ensinamos.

De que adiantaria eu e o Jairo termos talento se não trabalhássemos de forma persistente e obstinada para que essa qualidade pudesse ser explorada em sua plenitude? Provavelmente, estaríamos desperdiçando o que a natureza nos legara de mais precioso para que pudéssemos aspirar a uma vida de conquistas e realizações. Se não nos dedicássemos com tanto empenho no aprimoramento de nossas habilidades, além de nos frustrarmos, correríamos o risco de ver outros, talvez até não tão qualificados, nem tão competentes, ocupando o espaço e gozando as glórias que poderiam nos pertencer. Ninguém pode se considerar tão bom que nunca precise melhorar.

Temos oito professores na estrutura da escola. O requisito básico e mais importante para trabalhar conosco como professor é gostar das pessoas. Sem essa qualidade, de pouco adiantará o conhecimento e a competência didática. Meus filhos e minha mulher estão engajados nessa missão. Minha mulher, Marlene, e minha filha Rachel são as companheiras que tenho para ministrar aulas nas faculdades e universidades. A Rachel e minha outra filha, Rebeca, têm a responsabilidade de introduzir na empresa todos os avanços tecnológicos. Temos na nossa estrutura o que existe de melhor e mais moderno em termos de tecnologia. Todos os negócios que entram na escola passam pela mesma porta, a coordenação dos cursos. Nessa função está minha outra filha, Roberta. Ela sabe como ninguém indicar o curso mais adequado para atender às necessidades do aluno. Como é arquiteta de formação, com seu bom gosto cuidou da estrutura física do prédio onde estamos instalados, o que invariavelmente arranca elogios de todas as pessoas. É tudo de muito bom gosto, com jeito de primeiro mundo. Um abismo de distância se compararmos com aquela época em que eu fazia os folhetos em uma só cor e sem nenhum cuidado estético. Reinaldinho, meu filho mais novo, é o meu olho para conferir tudo o que não posso ver, já que estou sempre em sala de aula.

A estrutura toda é enxuta. Tive o cuidado de mesclar colaboradores que estão comigo há mais de 20 anos com os mais jovens, que trazem o frescor das novidades, para que continuemos crescendo e nos aprimorando sempre. O grande segredo é estar cercado de gente competente, comprometida com o trabalho e que sinta prazer em fazer o que faz.

Um prazer e uma obsessão pessoal

Além de todas as atividades que desenvolvo, sempre que posso, gosto de visitar empresas para falar dos nossos cursos. Acho importante esse olho no olho. Quero que as pessoas que comandam essas organizações me conheçam e vejam na minha maneira de falar sobre oratória o envolvimento que tenho com a matéria. Algumas pessoas não imaginam, por exemplo, que ainda ministro todas as aulas. Quando descobrem, a maioria se diz surpreendida com minha vitalidade para o trabalho depois de tantos anos à frente da escola.

Contato pessoal, conhecimento de causa e sinceridade absoluta, eis uma combinação poderosa. Sobre isso, houve um caso curioso. O vice-presidente de um dos maiores bancos do país me convidou para uma reunião. Ele me recebeu na porta da sala. Depois de ter elogiado minha trajetória profissional, me disse olhando nos olhos: "Sabe, professor, eu não acredito no resultado desses cursos, porque a pessoa é o que ela é, não dá para mudar. Acho também que ou ela conhece o assunto ou não conhece, não dá para colocar conteúdo na cabeça do indivíduo".

Lançou o desafio e ficou aguardando minha reação. Eu respondi com toda a sinceridade: "Concordo. Por isso, no treinamento não mudo ninguém. Analiso as características e o potencial do aluno e trabalho no seu aperfeiçoamento, de tal forma que ele possa aprimorar a maneira de se expressar, sem mudar ou se sentir pressionado por regras que não sejam adequadas para ele. Quanto ao conteúdo, é isso mesmo. Cada um tem sua formação e experiência. A mim cabe mostrar como esse conhecimento pode ser comunicado da forma mais eficiente possível".

O executivo fez uma longa pausa e me perguntou quanto cobraria para treinar 150 dos seus principais executivos. Fechamos o negócio ali, na hora, em pé, sem que eu sequer entrasse na sala dele. Não há dinheiro que pague um encontro como esse.

Também tenho obsessão pelos resultados dos cursos que ministramos. O aluno não deve sair do treinamento apenas satisfeito. Ele precisa sair encantado, maravilhado, contando para todo mundo que foi o melhor curso que já fez na vida. Só como exemplo, ministramos 47 cursos para uma das maiores produtoras de aço do país e 34 para outra de comunicação. Eles nos informaram que o nosso curso recebeu a melhor avaliação de todos os treinamentos que realizaram na história dessas organizações. Se multiplicarmos a média de 15 participantes por curso pelos 81 cursos, teremos 1.215 participantes. É avaliação feita por uma população expressiva.

Os alunos particulares – em sua maioria, presidentes, vice-presidentes, diretores de empresas – são fundamentais na divulgação do curso. Como são importantes na hierarquia da companhia, ao saírem felizes com o resultado das aulas costumam indicar o curso para os demais executivos e seus subordinados. É assim que fechamos a maioria dos cursos *in company*.

Propaganda é importante, mas trabalhar bem, com resultados que superem as expectativas dos clientes, é a propaganda mais barata e eficiente que temos à disposição. Se um empresário não tem prazer em trabalhar bem, pelo menos por inteligência e até egoísmo deveria apresentar bons resultados no que faz.

Experiência enviesada

Quando me mudei de Araraquara para São Paulo, não foram poucas as pessoas que me alertaram para não cair no conto do bilhete da sorte: "Olhe lá, garoto, se deixarem cair um bilhete de loteria na sua frente, finja que não viu. Se você pegar e devolver, o cara vai dizer que a sorte está à sua procura, que você não achou aquele bilhete da sorte por acaso. Vão jurar de pés juntos que é o bilhete premiado". Ri muito dessa preocupação, afinal, quem acreditaria numa história dessas?! Por incrível que possa parecer, apenas dois dias depois de ter chegado a São Paulo, passando pela rua Quinze de Novembro, bem no centro velho, tentaram me aplicar o golpe, jogando o bilhete aos meus pés.

Descobri que havia gente espertalhona no mundo quando ainda era bem menino, morando no interior. Num dia 22 de agosto, data em que se comemora o aniversário de Araraquara, eu estava feliz e saltitante, correndo para cima e para baixo. Adorava as datas comemorativas. Era sempre uma festa. Dava a impressão de que toda a população aproveitava aqueles eventos para sair de casa. O desfile havia praticamente terminado e eu andava atento no meio da multidão observando tudo o que me rodeava. De repente, minha atenção foi fisgada por um vendedor ambulante que montara sua mesinha repleta de quinquilharias na calçada da rua principal. Ele falava bem alto, sempre com um enorme e simpático sorriso. Era possível ouvi-lo a uma quadra de distância. Pelo que me lembro, ele dizia mais ou menos o seguinte:

– Atenção, muita atenção, já vai aparecer a borboleta, uma linda borboleta colorida para alegrar sua vida. Vejam esta carta de baralho, vou deixá-la bem aqui em cima da mesa, debaixo dos seus olhos para que possam ver o momento da transformação. Enquanto ela se transforma, vou mostrar como funciona este revolucionário descascador de batatas. Não requer prática, tampouco habilidade, viu fazer uma vez, nunca mais vai esquecer. O preço é de comemoração, bem baratinho, é presente de aniversário da cidade. Aproveite e leve para os parentes e amigos, se levar três, só vai pagar dois.

Pequenininho, de 7 para 8 anos, me esgueirei entre as pessoas que estavam a sua volta e fiquei ali esperando. Chegava um, ficava um pouco, comprava o descascador de batatas e logo ia embora. Chegava outro e tudo se repetia. Eu não me conformava – como é que eles vão embora e não esperam a borboleta aparecer?! Fiquei ali mais de duas horas. O camelô olhava de rabo-de-olho para mim e dava um leve sorriso maroto. Quando já não havia mais ninguém, ele começou a desmontar a mesinha e a guardar os produtos. Assim que pôs a carta de baralho no bolso da camisa, fiquei indignado: "Ué, e a borboleta? Quando vai aparecer a borboleta?". Ele sorriu mais ainda e disse: "Ora, garoto, e você acha que alguma vez na vida vai conseguir ver de graça uma carta se transformar em borboleta?". Acho que foi a primeira vez que me fizeram de otário. A primeira, mas não a última, pois outros espertalhões cruzaram meu caminho. Depois de algumas experiências, me tornei desconfiado. Sempre ficava com a pulga atrás da orelha imaginando que as pessoas estavam com armações.

Esse jeito meio desconfiado de ver as coisas foi "aprimorado" nos meus primeiros tempos morando na capital de São Paulo. Garotão ainda, trabalhei como estagiário numa empresa do mercado financeiro. O trabalho dos estagiários consistia em pegar uma pilha de fichas, que continham dados de empresas que funcionavam na Grande São Paulo, ligar para o gerente financeiro e oferecer empréstimos em moeda estrangeira, regulados pela Lei nº 4.131 e Resolução 63 do Banco Central.

Para preparar bem o estagiário a exercer essa função, a empresa ministrou um curso intensivo de pouco mais de três meses, ensinando de maneira prática e muito eficiente tudo o que era preciso saber sobre matemática financeira, análise de balanço, técnicas de vendas, de negociação, de conversa por telefone e, é óbvio, como funcionavam as operações de empréstimo. Assim, o estagiário teria condições de marcar uma entrevista com o gerente financeiro, explicar os custos da operação e fazer uma rápida análise da situação da empresa, antes da proposta oficial do pedido de empréstimo.

Encontrar uma empresa que aceitasse aquele tipo de empréstimo e com cadastro em condições de ser aprovado pelos analistas de crédito era muito raro. Quando dava certo, era uma festa. Sobrava comissão para todo mundo, até para o estagiário que não tinha tido nenhum tipo de participação. Entretanto, era quase como ganhar na loteria.

Por isso, as operações em andamento eram tratadas como se fossem segredo de Estado. E nesse ponto o curso apresentou um módulo muito curioso, que jamais esqueci. A cada final de matéria ministrada, um dos diretores fazia uma palestra falando sobre a importância do sigilo e de como seria perigoso para os negócios conversar sobre as operações no elevador, no táxi e até no banheiro. Cada orientação era ilustrada por exemplos de negócios que foram perdidos por causa de conversas que poderiam ter sido evitadas. Na época achei que tudo não passava de exagero e invencionice dos diretores. Mas, como o tema era recorrente, ninguém ousava pensar alto sobre as operações fora das paredes da empresa – cada pessoa que se aproximava de mim eu tinha a impressão de que era para bisbilhotar minhas operações.

Esse aprendizado para ficar sempre alerta me ajudou muito quando atuei no mercado financeiro. Conseguia sentir rapidamente o cheiro do perigo antes de conceder empréstimos. Durante os quase 15 anos em que analisei o risco das operações, só dois dos meus clientes pediram concordata, e mesmo assim com os empréstimos todos cobertos por garantias. Hercílio Ramos, que foi meu superior hierárquico por um bom tempo, alardeava que assinava as minhas propostas de crédito sem receio, pois, se houvesse risco, eu já os teria percebido.

Na administração dos meus negócios, entretanto, radicalizei de tal forma essa atitude desconfiada que quase me prejudiquei. Por causa das experiências negativas pelas quais passei, generalizei e comecei a ver o mundo corporativo como um reduto de espertalhões. Cheguei a recusar negócios sem analisá-los com o critério devido, só por desconfiança. E descobri depois que essa minha atitude me fizera perder boas oportunidades. Mesmo assim não me emendava. Preferia perder não fazendo a fazer e ser enganado. Essa espécie de paranoia chegou a tal ponto que eu dizia "não" para quase tudo que me propunham. Só se o interlocutor insistisse com argumentos irrefutáveis, eu passava a ponderar sobre as vantagens do negócio. Da mesma forma como perdi boas oportunidades por me tornar desconfiado, tenho como consolo que agindo assim também devo ter me livrado de boas enrascadas. Nunca vou saber.

Para mim, na verdade, o problema não estava em dizer não ou sim. A questão a ser considerada – a que eu deveria ter considerado – é a precipitação em dar uma resposta sem avaliar com cuidado a proposta, só por desconfiança. A lição que me fez mudar e passar a agir de maneira diversa veio por acaso em uma situação corriqueira, distante das minhas atividades profissionais. É uma história curiosa que contou com a participação do meu amigo Oduvaldo Silva.

Em uma das viagens que fiz ao exterior, antes da era iPod, o Oduvaldo me pediu que comprasse um rádio portátil de não sei quantas bandas para presentear o pai. Assim que pus os pés em Nova York, para tirar logo a obrigação da cabeça, fui rapidinho a uma das inúmeras lojas de eletrônicos na 5ª Avenida. Levei um tremendo susto quando o vendedor me disse que o aparelho custava a "bagatela" de 200 dólares. Cáspite, 200 dólares por um radinho! Como já levei muitas bastonadas com histórias semelhantes e aprendi que essas coisas enroscam a viagem, resolvi comprar e deletar o assunto. Mesmo sabendo que deveria ser mais um brasileiro portando identificação de otário naquele mundo em que o comércio é tocado por quem, de maneira geral, só pensa em levar vantagem.

Eu e minha mulher programamos a viagem com bastante cuidado para aproveitar bem o tempo e não gastar muito. Pelo roteiro que havíamos traçado, nossa próxima parada depois de Nova York era Buffalo, na divisa com o Canadá. Passaríamos por Chicago e regressaríamos a Nova York antes de voltarmos ao Brasil.

Como havíamos planejado retornar ao mesmo hotel em Nova York, o bom senso nos recomendou que deixássemos no *locker* uma mala grande com roupas usadas e todos os objetos que não iríamos precisar. Ao chegar a Buffalo, descobrimos que no corre-corre havíamos feito uma tremenda besteira – levamos a mala trocada! Tudo o que era desnecessário estava conosco e o que seria útil para a viagem ficara no hotel. Empreendemos uma correria para comprar cuecas, calcinhas, escovas de dente e demos uma ajeitada na situação.

Só para lembrar, essa era a época em que eu usava o "não" a torto e a direito. Ao chegarmos em Chicago, a recepcionista do hotel nos disse que poderíamos aproveitar uma excelente oportunidade. Como era fim de semana, se ficássemos em uma ala diferente daquela que havíamos reservado, teríamos um desconto de quase 50%. Bem, um descontão desses para quem viaja com a grana contadinha não é de se desprezar. Entretanto, como eu era bem desconfiado, disse à minha mulher: "Marlene, sei não, isso não está me cheirando bem. É mamata demais, ainda por cima partindo de americanos. Vai ver que o quarto é um pardieiro lá no fundo com todo tipo de desconforto".

Em todo caso, achei que valia a pena fazer um "reconhecimento de campo" e dar uma boa olhada no local. Pareceu tudo em ordem e, para minha surpresa, bem acima de qualquer expectativa. Mas, lá pelas 2 horas da madrugada, ouvi uma música que tocava bem alto. Comecei a ficar irritado e comentei com a minha mulher: "Eu não disse que havia alguma armação? Puseram a gente nesse quarto em cima de alguma danceteria e vamos aguentar este barulhão a noite inteira".

Eu já estava pegando o telefone para reclamar com o hotel quando resolvi ouvir melhor de onde vinha o som. Descobri que não era de nenhuma danceteria – ele saía de dentro da mala. Provavelmente, com os deslocamentos da bagagem de um lado para o outro, o bendito rádio de 200 dólares que eu havia comprado para o Oduvaldo começou a funcionar sozinho e a tocar aquela música.

Depois de rir e me divertir com aquele engano provocado pelo que prejulguei com base em minhas experiências de bom desconfiado, passei a refletir melhor a respeito dos inúmeros erros a que fora induzido por não analisar de maneira conveniente as propostas que me eram feitas. Foi um divisor de águas. Descobri que minha capacidade de observação ficara limitada demais e eu só conseguia ver o que estava bem a minha frente. Às vezes, nem assim conseguia enxergar.

Concluí que incorria em enganos semelhantes no dia a dia. Talvez, sem me dar conta, estava perdendo ótimas chances ao participar de reuniões dentro e fora da empresa, ao negociar com clientes e fornecedores, discutindo projetos. Por prejulgar os fatos e analisar as questões somente por alguns ângulos que me interessavam ou que me fossem familiares, não percebia que talvez fossem distintos de como os havia imaginado. Não me foi difícil perceber que assim como um quarto oferecido por preço muito menor pode ser bom, também uma proposta estranha às minhas convicções poderia ser valiosa. Eu mudei.

Antes de ir para o próximo capítulo, concluo a história do radinho. No dia seguinte ao nosso retorno ao Brasil, a primeira atitude que tomei foi levar o rádio para o Oduvaldo. Só que, antes de entregá-lo, tive um pressentimento e perguntei quanto ele imaginava que o radinho havia custado. Ele deu uma coçada na cabeça, fez uns cálculos em voz alta e disse: "Bem, se o venezuelano comprou por 65 dólares no *free shop*, onde os preços não são tão acessíveis assim, então acho que lá em Nova York você não deve ter pagado mais do que 35 ou 40 dólares".

Fiz um grande esforço para não demonstrar nenhuma reação e dei a boa notícia ao meu amigo: "Nem uma coisa nem outra, você não vai pagar nada, esse rádio é um presente". E assim aquele belo desconto que conseguimos em Chicago foi para o radinho do meu amigo Oduvaldo.

Desde o princípio tinha tudo para não dar certo

O Grupo Escolar João Manoel do Amaral, no bairro da Fonte Luminosa, lá em Araraquara, era frequentado por alunos, em sua maioria, de classe econômica e social de remediada para baixo. Nascidas em famílias humildes, as crianças não tinham referência do que significava a vida poucos metros além do bairro onde moravam. Só me lembro de dois cujos pais eram engenheiros. Os outros eram filhos de lavradores, leiteiros, ferroviários, motoristas, pedreiros. Os mais aquinhoados vinham das casas da Vila Ferroviária, que até hoje continua firme, preservando uma bonita tradição com a permanência de muitos dos seus antigos moradores.

A escola possuía salas de alvenaria no prédio central, localizado logo após o portão de entrada, e outras, mais precárias, provisórias, na parte do fundo. Se algum psicólogo, especializado em análise comportamental, fizesse um estudo das probabilidades do futuro profissional dessa garotada, com certeza os prognósticos seriam desesperadores. Mas, se as condições dessas crianças e de suas famílias eram assim tão desalentadoras, como muitas conseguiram se destacar e se projetar nas atividades que abraçaram? A resposta é simples e direta: tiveram a sorte de contar com professoras excepcionais. Todas eram bem formadas, inteligentes, de boa estrutura familiar, muito estudiosas e profissionais competentes.

Além de ensinar as matérias escolares, eram também responsáveis pela formação da personalidade daqueles alunos, que um dia precisariam sair de casa para enfrentar uma vida muito diferente da que estavam acostumados. Assim, rapidinho, eu me lembro do nome de algumas dessas heroínas: Rita, Aparecida, Vera, Dorvalina, Terezinha, Elizabethe.

Uma dessas professoras, entretanto, se sobressaía pela personalidade forte e inspiradora, Julieta Esther Amaral. Chegou a ocupar a direção da escola pela naturalidade com que exercia a liderança e por causa de suas iniciativas e capacidade de realização. Embora eu fosse apenas um menino, lembro-me de que ela impunha suas ideias com uma inabalável segurança, ao mesmo tempo em que conquistava com sua meiguice e bondade. Era um prazer ouvi-la. Sua voz sonora, forte, bem timbrada, preenchia todo o ambiente. Era sempre elegante. Bonita, alta, com postura correta, gesticulação graciosa, nunca se descuidava. Sua mensagem sempre tinha sentido.

Falava com as crianças ou com os outros professores sempre com a mesma consideração. Nós nos sentíamos importantes e respeitados pela maneira como éramos tratados. Falava de um amanhã que não conhecíamos, nem que imaginávamos existir. Era firme quando mostrava que só poderíamos pretender um futuro melhor se nos dedicássemos ao aprendizado. E sua disposição para ensinar era tamanha que todos queríamos obter conhecimentos. Repreendia com severidade quem não estudava e se mostrava triste quando alguém não conseguia aprender, como se ela própria estivesse fracassando. Vibrava e comemorava com a conquista dos seus alunos e, de longe, acompanhava a trajetória de cada um.

Certo dia, quando eu já não era mais seu aluno, me viu com torcicolo. Segurou meu braço e me levou até sua sala – em pouco tempo com alguns puxões e algumas torcidas já tinha posto tudo no lugar. Não sei o que teria sido da minha vida e de muitos de meus colegas se não tivéssemos a felicidade de encontrá-la. Todos os seus alunos, independentemente da atividade que abraçaram e do rumo que deram a sua vida, devem muito das suas conquistas a essa mulher que, mais do que uma professora, foi a grande inspiradora de um futuro diferente, melhor e mais feliz para todos nós.

Ela brilhou na área da saúde e continua encantando com suas aulas nas faculdades. Até hoje mantemos contato, por carta escrita à mão. Que alegria receber suas cartas com aquela letra bonita, com aquele português impecável. Que sorte ter encontrado a Julieta logo nos meus primeiros anos de formação.

Gosto de manter ligação com o passado. Não acho que agindo assim esteja negando o presente ou desconsiderando o futuro. Independentemente da origem que pudesse ter tido, essa foi a vida que tive e, por mais que ela tenha se transformado, é com ela que poderei contar para seguir com minhas realizações. Sinto que, quanto mais eu me conhecer e mais souber valorizar minhas experiências, mais preparado estarei para enfrentar e vencer os embates que terei pela frente.

A FORMAÇÃO ACADÊMICA: NOVAS PORTAS SE ABRIRAM

Comentei que antes de conhecer a escola do professor Melantonio nem sabia da existência de cursos de oratória. Como minha carreira na área financeira ia bem, fiz cursos adequados à profissão, me formei em Ciências Econômicas e Administração de Empresas. Além desses dois cursos superiores, fiz três cursos de pós-graduação em Administração Financeira. Tudo perfeito para a área que abraçara.

Ocorre que, depois de ter me apaixonado pela oratória, ao falar da minha formação acadêmica as pessoas estranhavam. O que é que um economista, administrador de empresas, especializado em administração financeira tem a ver com o ensino da oratória? Não combinava muito. Por isso, resolvi me aprofundar, fiz pós-graduação em Comunicação e Mercado e mestrado em Ciências da Comunicação. E deu muito certo.

O conhecimento teórico e prático da vida corporativa somado aos estudos na área de comunicação me capacitaram para orientar de maneira ainda mais apropriada os alunos – que sempre foram predominantemente executivos. Quando me dizem que vão participar de uma reunião ou apresentar um projeto, sei exatamente do que estão falando. Sei das dificuldades que vão enfrentar, as questões políticas que precisarão contornar e o tipo de argumento mais adequado para cada circunstância. É como se eu estivesse no lugar deles, experimentando a mesma ansiedade e aspirando aos mesmos objetivos.

Ter sentido o mesmo medo que aflige os profissionais que me procuram me ajuda a ser melhor em minha atividade. Assim como enfrentei e dominei os fantasmas que me atormentavam, posso ajudá-los a superar essas mesmas dificuldades. Depois de tantos anos de experiência, posso tirar a máscara e dizer em entrevista a um programa de televisão de grande audiência que ainda sinto medo. Essa revelação, embora surpreenda, não me diminui nem compromete minha reputação. Talvez funcione como estímulo àqueles que imaginam ser os únicos a sofrer desse mal. Podem concluir: "Se ele, que é tão experiente e demonstra tanta segurança, sente medo de falar, por que eu também não posso sentir?!".

Quem me vê brincando e interagindo com plateias enormes provavelmente não desconfia que já passei muitas noites em claro me preparando para expor um plano de trabalho. Algumas reuniões chegavam a me apavorar. Às vezes me sentia incompetente e despreparado. Sei o que significa sair frustrado de um evento porque minha participação não me ajudou a conquistar os objetivos que desejava. Por outro lado, também conheço o sabor de uma vitória que parecia ser quase impossível, conseguida por causa do meu desempenho. Quando mostro os passos que devem ser dados para que atinjam o melhor resultado, os alunos percebem que não me atenho apenas à minha formação acadêmica ou à teoria e ao conhecimento adquirido nos livros, mas conto também com uma experiência vivenciada e cultivada anos a fio nas salas de reunião, nas tribunas, nas mesas de negociação. Eu me sinto seguro e o profissional se sente amparado. Ter vivido, com ou sem sucesso (e as derrotas quase sempre nos ensinam muito mais que as vitórias), a situação a ser enfrentada pelo aluno permite que eu me transporte para o local onde irá se apresentar e possa dizer a ele de maneira clara o que deve ser feito para que seja bem-sucedido.

Durante um bom tempo, atuei como apresentador de um programa de entrevistas na televisão. Eu entrevistava palestrantes, consultores e escritores. Foi uma experiência maravilhosa. Além de pôr em prática muitos conceitos teóricos que ensino no meu curso, o que ampliou muito minha experiência, pude também conhecer com mais profundidade a carreira dos meus entrevistados, todos muito bem-sucedidos, e estreitar o relacionamento com todos eles.

O idealizador e coordenador do programa foi o Professor Mitsuru Yanaze, que era o diretor da faculdade na época em que fiz a pós-graduação e o mestrado, e foi meu professor em diversas matérias. No dia do lançamento do programa, ele dedicou parte do seu discurso para falar diante das câmeras sobre o nosso relacionamento de professor/aluno. Revelou que, como eu já era conhecido, imaginou que talvez não fosse levar o curso com seriedade.

Eu tinha consciência de que havia essa desconfiança. Não foi fácil. Tive de estudar autores até então desconhecidos para mim. Mesmo sem revelar abertamente, por ser professor de oratória, com diversos livros publicados sobre o assunto, os colegas esperavam que eu me manifestasse sempre com desenvoltura e desembaraço. Como atender a essa expectativa se eu mesmo me sentia inseguro ao tratar de algumas matérias?! Não me escondi, nem reclamei – fiz exatamente o que havia me proposto a fazer: estudar, aprender e abrir meus horizontes com novos conhecimentos.

O Professor Mitsuru disse que se surpreendeu com minha atitude, dedicação e participação. Fez questão de contar que, nas poucas aulas que precisei perder por causa de compromissos profissionais, pedi a minha mulher que comparecesse em meu lugar e gravasse a matéria por mim. Senti uma grande emoção ao ouvi-lo dizer que, além de eu ter sido um de seus melhores alunos, no final fui aprovado com nota máxima em todas as matérias e concluí o mestrado com dez com louvor.

Esse tem sido meu lema – quando é preciso fazer, me dedico para fazer muito bem feito.

Foi muito importante ter me dedicado à vida acadêmica. Graças a essa formação, eu e minha mulher, Marlene, há muitos anos ministramos aulas nos cursos de pós-graduação da ECA, na Universidade de São Paulo, da Fecap e da Faap. Esse trabalho reforça a credibilidade do nosso curso e permite uma aproximação com alunos de todas as idades e formações. O contato funciona como espécie de oxigenação para que eu possa sempre estar atualizado.

Meu reencontro com a Fecap também foi emocionante. Um dia fui visitar Luiz Guilherme Brom, superintendente institucional, para tratarmos da minha contratação como professor nos cursos de pós-graduação naquela instituição. Ele estava feliz, comemorando mais uma das conquistas da sua gestão: acabara de receber a boa notícia de que a Fecap continuava sendo, junto com duas outras, a melhor faculdade de administração de empresas do Brasil. Tinha em mãos o resultado de uma avaliação que atribuía conceitos máximos em todos os critérios estabelecidos.

Fui recebido como se pertencesse àquela casa, fazendo parte da celebração. Meu coração ficou apertado. Eu me lembrei de quando frequentava aqueles mesmos bancos escolares – na época eu trabalhava como estagiário e recebia tão pouco que nem tinha conta bancária. O salário dava justinho para pagar a pensão, a faculdade e as passagens de ônibus. Não sobrava um tostão. Se o salário fosse depositado em uma conta, no fim do mês teria de ser zerada porque não ficaria nenhum saldo.

Tendo passado por tantas dificuldades para concluir ali os cursos de Ciências Econômicas e Administração de Empresas, jamais poderia sonhar que um dia voltaria à mesma escola para ministrar aulas e ainda constar como referência nos folhetos promocionais. Na divulgação dos cursos de pós-graduação, por exemplo, constam dois depoimentos, o meu e o de Ruth Cardoso, que foi esposa do ex-presidente Fernando Henrique Cardoso e, sobretudo, uma das mais importantes intelectuais da história do país.

Acho que nunca ninguém notou minha presença naquela faculdade. Nem os professores sabiam meu nome. Meu sentimento era o de ser apenas um número naquela multidão de alunos. Nunca, entretanto, deixei de ter consciência de que tudo o que fizesse contribuiria para formar minha reputação. Ainda bem que pensei e agi dessa forma, pois estou convencido de que só fui convidado a participar do corpo docente porque, além da experiência e preparo que pudesse ter, passei por ali com dignidade e correção.

Como os livros entraram em minha vida

Várias vezes pensei em minha carreira de escritor. Tentei me lembrar de como foi que tudo aconteceu. Em que momento havia sido despertada em mim essa vocação que me faz passar noites sem dormir e finais de semana sem sair um minuto sequer da frente do teclado do computador, escrevendo com prazer quase duas dezenas de textos todos os meses.

Sem dúvida, a primeira pessoa a me despertar o gosto por escrever foi a professora Yolanda Teixeira Monteiro. Tive aulas de Português com ela nos anos 1960. Depois de adulto, já em plena atividade, minha vontade era a de contar a ela que sua passagem pela minha vida havia sido marcante. Como escrevo semanalmente para o Jornal *Tribuna Impressa*, de Araraquara, resolvi falar sobre sua influência num artigo chamado *Onde andará Yolanda?*, que transcrevo de forma resumida:

"As pessoas nem sempre se dão conta de como suas atitudes podem influenciar e marcar a vida daqueles que as cercam.

Provavelmente, nunca deve ter passado pela cabeça da minha 'Nona Spinelli' a alegria que ela me proporcionava ao levar algumas balas nas visitas que fazia à nossa casa, quando eu tinha menos de cinco anos. Com certeza o Arsênio, que faleceu jovem num acidente de caminhão, também não se deu conta de como 'aprumou' minha autoestima ao comentar na porta do bar do Ricieri Tellaroli, na frente de um grupo de adultos, que eu era um menino inteligente. Eu ainda não tinha oito anos, mas jamais me esqueci daquele comentário.

A professora Yolanda, que dava aulas de Português no IEEBA, também não deve imaginar como suas atitudes foram decisivas para que eu aprendesse a gostar de escrever. Ela pegava as poesias que eu escrevia e levava às outras classes para mostrar que um dos colegas da mesma série tinha jeito para escrever. Ah, na aula seguinte eu, com cerca de 15 anos, chegava pelo menos meia hora antes e ficava esperando com ansiedade o momento de entregar a ela uma nova poesia.

Essas recordações, que foram tão importantes para minha formação e meu futuro, me enchem de alegria, mas também me entristecem. O Arsênio e a minha nona se foram. Yolanda desapareceu da minha vida, pois nunca mais ouvi falar dela. Como gostaria que ela soubesse como foi determinante para que eu me tornasse escritor. Quem sabe com este texto ela se lembre de mim e me avise onde está para que eu possa visitá-la e presenteá-la com alguns de meus livros. Onde andará você, professora Yolanda?".

Ao chegar em casa depois de um encontro com um grupo de palestrantes, minha mãe me avisou toda sorridente: "A Yolanda ligou. Leu seu artigo e está aguardando sua ligação". Foi um momento de grande emoção. Conversamos sobre o que ocorreu com a nossa vida ao longo de todos aqueles anos. Enquanto ela falava, devagar fui me lembrando do som meigo e ao mesmo tempo firme da sua voz. Depois de alguns minutos, me transportei para aquela época tão distante e tive a impressão de que estava assistindo a uma de suas aulas extraordinárias.

Pouco depois, fiz uma palestra em Araraquara e lá estava Yolanda toda bonita, sentada na primeira fila, com um envelope na mão. Quando seu nome foi citado, a plateia aplaudiu demoradamente e me ajudou a prestar uma homenagem tão merecida. No final, ela me fez uma surpresa. Descobri que não apenas ela havia influenciado para que eu me tornasse um escritor, mas que de certa maneira eu também a estimulara a seguir com sua profissão. Pediu-me que lesse na frente da plateia lotada uma carta que eu escrevera e que ela guardara por mais de 40 anos. Eis um dos trechos:

"...Não poderia deixar de lhe agradecer de todo o coração o carinho que me dispensou durante o último ano. Vendo-a quase todos os dias e seguindo seus conselhos, tornei-me seu fã pela maneira como trata seus alunos. Fiquei emocionado quando recebi seus cumprimentos no dia da entrega dos diplomas. Jamais a esquecerei e a levarei entre as minhas mais belas recordações..."

Esse meu reencontro com a professora Yolanda me convenceu ainda mais de que todos nós podemos despertar habilidades e talentos que estão latentes, aguardando uma oportunidade para aflorar. Às vezes um incentivo que recebemos há tanto tempo pode ser fundamental para a nossa carreira e até para a nossa vida. Comigo aconteceu quando ainda era jovenzinho. Não há, entretanto, idade para essas descobertas. Como ocorreu no meu caso, da mesma forma como fui motivado por uma professora, com a minha carta tão simples também servi de estímulo para sua atuação no magistério.

O GOSTO PELA LEITURA

O livro esteve presente em minha vida desde os primeiros momentos. Certamente que uma pessoa pode ser bem-sucedida sem recorrer aos livros, mas, sem a leitura de boas obras, deixará de conhecer diferentes dimensões e perspectivas que outras pessoas, muitas delas brilhantes, mostraram e ainda mostram para uma vida mais plena de realizações. Essa era a premissa das minhas professoras, que ficavam de marcação cerrada – obrigavam-nos a ler os livros, depois exigiam que fizéssemos trabalhos escritos sobre as obras e, finalmente, nos colocavam na frente da classe para que contássemos ou interpretássemos os capítulos que elas indicavam ao acaso.

Não havia como escapar. Ou líamos e nos dedicávamos às tarefas que nos eram atribuídas, ou passávamos vergonha com as notas vermelhas no boletim que levávamos para os pais assinar. Graças a essa disciplina, aos poucos fui tomando gosto pela leitura, até que ler se tornou um hábito que sempre me deu muito prazer. Quem se habitua aos livros nos primeiros anos de vida dificilmente se afastará da leitura. Embora essa seja a regra geral, o gosto pelos livros, excepcionalmente, também pode surgir numa idade mais madura. Entretanto, para que o adulto passe a encarar a leitura como uma atividade prazerosa, e não como uma espécie de sacrifício, precisará de muito mais empenho, disciplina e dedicação.

Presenciei verdadeiros milagres. O maior de todos foi com um vizinho da minha casa na rua Carajás, lá na minha cidade natal. Seu Vitor aprendeu a ler com quase 80 anos. Depois que passou a frequentar a igreja Mórmon, descobriu que conhecer a Bíblia era importante, e, sozinho, sem ajuda de ninguém, aprendeu a ler. Só lia a Bíblia– todos os dias, passava horas sentado na calçada da sua casa com o livro nas mãos, sussurrando as palavras para ele mesmo. Nada dava mais prazer àquele homem.

Nessa minha longa carreira como professor, já tive a satisfação de iniciar muita gente de cabelo branco no mundo da leitura. Para que essa tarefa seja bem-sucedida, é preciso acertar na indicação do autor. Se o livro foi escrito por uma pessoa instigante, que consiga transportar o leitor para um mundo de sonhos, aventuras, paixões, as chances de que o adulto passe a gostar de ler se ampliam de maneira considerável.

Tenho uma experiência curiosa com os alunos do nosso curso de Expressão Verbal. Muitos deles passam a se interessar mais por leituras quando percebem que não adianta nada aprender a falar bem se não houver conteúdo. À medida que se tornam mais desembaraçados na tribuna, descobrem que poderão e precisarão enriquecer a mensagem com a ajuda dos livros.

Minha relação com os livros nasceu antes mesmo de as professoras me iniciarem no mundo da leitura. Menino, quando ainda não era alfabetizado, contei com a ajuda da minha prima Vanderli Portioli. De vez em quando, ela saía de Mirassol e passava uns dias na minha casa em Araraquara. Nessas oportunidades, com bastante paciência, pegava um livro de histórias infantis e lia para mim. Foi assim, com as leituras da minha prima Vanderli e depois com o incentivo das professoras, que surgiu e se desenvolveu minha paixão pelos livros. Se o gosto já existia, o acesso aos livros exigiu de mim algumas peripécias.

Quando era menino, a grana era curta. Ao dizer que era curta talvez esteja desvirtuando a realidade, pois não tinha de onde tirar. Os bolsos estavam sempre vazios. Para arrumar uns trocados, só havia um jeito: o Tunão, que morava na rua Tupi, a uma quadra distante da minha casa, separava uns legumes, como chuchu e abobrinha, para eu vender de porta em porta e levantar uns tostões. Não era muito, e tudo o que entrava eu gastava em livro em uma das poucas livrarias de Araraquara, que se limitavam à Casa Rodella, Bizelli, Brasil e à livraria da Marina, perto dos Correios. O aprendizado de levar a cabo meus projetos, mesmo sem poder contar às vezes com os recursos necessários para sua execução, deve ter nascido dessa minha experiência com os livros.

Como eu tinha apenas 12 ou 13 anos, meu gosto literário era bem modesto. As publicações que mais me atraíam eram as edições condensadas das grandes obras publicadas pela Editora Melhoramentos. Cada compra era uma emoção. Começava a ler ainda na rua, e não via a hora de chegar em casa para sentar na soleira da porta da cozinha e devorar página por página até a última linha. Com tanto sacrifício, não dava para ler e descartar. Nunca. Tenho todos eles até hoje. Como sinto prazer em dar uma folheada de vez em quando nesses velhos companheiros!

E veio a biblioteca. Como a vontade de ler era muita e a grana nenhuma, a única forma de resolver o problema foi me tornar assíduo frequentador da biblioteca, quando ainda era lá na rua Quatro (Araraquara sempre teve esse jeito nova-iorquino de denominar as ruas e avenidas por números).

Minhas idas à biblioteca quase deram confusão. Como eu gostava de ficar com os livros que lia, relutava muito em devolvê-los. Não era gatunice, não. Só queria ficar com eles mais um pouquinho, reler as partes importantes, entender como o autor havia encadeado as ideias, enfim, me envolver um pouco mais com uma história que agora já era minha conhecida.

Para me pôr na linha, entrava em ação um personagem fabuloso, o velho e simpático Bonavina. Transcorridos alguns dias sem que eu tomasse a iniciativa de devolver os livros emprestados, lá estava ele com sua inseparável bicicleta para levar as obras de volta, numa boa. As visitas do Bonavina se repetiram incontáveis vezes. Sorridente, ele nunca me repreendeu, nunca reclamou, nem cobrou um tostão de multa. Parece que entendia bem meu amor pelos livros e, como julgava que ninguém saía prejudicado com aqueles pequenos atrasos, não se incomodava em fechar um olho para os meus ingênuos deslizes.

É certo que ninguém deve contrariar regras confiando apenas em sua sensatez. Como disse Descartes no *Discurso do Método*: "O bom senso é a coisa que, no mundo, está mais bem distribuída: de fato, cada um pensa estar tão bem provido dele que até mesmo aqueles que são os mais difíceis de contentar em todas as outras coisas não têm de forma nenhuma o costume de desejarem mais do que o têm". Por outro lado, tomar a lei ao pé da letra, sem considerar as circunstâncias do fato, é correr o risco de se tornar injusto. Por tudo o que comentei, mesmo passando por cima das determinações impostas à sua função, por não se beneficiar e não prejudicar ninguém, Bonavina foi sensato.

Depois de ter dedicado quase a vida inteira zelando pelos livros da Biblioteca Municipal Mário de Andrade de Araraquara, Bonavina se aposentou. Fui reencontrá-lo mais de 30 anos depois tomando uma cervejinha e batendo papo com os amigos num bar do Jardim Primavera, próximo à sua casa. Foi um momento de grande emoção para mim. Perguntei do filho, Zé Bonavina, e comentei que sempre me lembrava da sua esposa, dona Ana. Ele perguntou da minha mãe, Lúcia, e do meu irmão, Alemão. Relembrei dos tempos em que ele fazia o resgate dos livros e em troca recebi um sorriso igualzinho àqueles que dava quando pegava as obras de volta.

Mesmo não tendo prejudicado ninguém e agido com o aval do guardião dos livros, essa história de usar a biblioteca e não ter sido pontual na devolução das obras sempre me fez sentir um devedor. Recentemente voltei à biblioteca, agora em novo endereço. Olhei as prateleiras, folheei umas obras, e, para minha surpresa, encontrei alguns livros de minha autoria com várias fichas de retirada preenchidas.

Fiquei feliz ao descobrir uma forma de pelo menos em parte pagar minha antiga dívida com a biblioteca. Já que meus livros eram procurados, nada melhor do que fazer uma doação de alguns títulos. Aproveitei uma semana de folga e me dirigi para lá com uns dez livros. Fui recebido com festa e cordialidade por Fátima Aparecida Zampiero Ramos, que trabalha lá há cerca de 20 anos. Enquanto eu autografava os livros, comentei com ela minhas aventuras com o Bonavina. Para grande tristeza minha, fiquei sabendo que ele havia falecido. Que perda. Queria tanto contar ao meu "comparsa" que, de certa maneira, eu estava recuperando meu crédito com a doação que acabara de fazer.

Tenho certeza de que, se ele ainda estivesse vivo, me acolheria com o mesmo sorriso maroto e falaria baixinho, para só eu ouvir: "Quem diria que um dia você traria sozinho livros para a biblioteca, sem que eu precisasse correr atrás com a minha bicicleta!".

Os primeiros modelos profissionais

Tive uma infância maravilhosa. O bairro em que nasci, Jardim Primavera, era habitado por pessoas simples, pobres e muito amigas. Não tínhamos ruas asfaltadas nem televisão. Falando assim, alguns poderão pensar: “coitados”. Coitados nada. Para a garotada, aquele bairro era um paraíso. Logo cedo, antes das oito, quem estudava à tarde já estava pronto para brincar. Vestindo só um calção, sem camisa e nada nos pés, saíamos para caçar passarinho ou fazer o que mais gostávamos, jogar futebol.

Perto do almoço, as mães estavam saindo de casa, invariavelmente com lenço na cabeça, pano na mão e gritando o nome do filho, avisando que a comida já estava pronta, que era preciso tomar banho e que não poderia chegar atrasado na escola. Em todas as famílias, sem exceção, o único que trabalhava para garantir o sustento da tropa era o pai. O salário era só para comer, pois a roupa e sapatos duravam anos, até não servirem mais e serem passados para o irmão mais novo. Para essas pessoas, especialmente as crianças e os adolescentes que iam ao cinema só com o objetivo de trocar gibis na calçada, dinheiro era algo que normalmente não se via. Cada família tinha uma pequena horta no fundo do quintal, perto de um galinheiro e de um chiqueiro. Assim, para comer, só precisavam comprar arroz, feijão e batata. Ninguém ganhava, ninguém gastava e a vida transcorria tranquila, como diziam meus conterrâneos, do jeito que Deus queria.

Um belo dia, jogando a pelada diária com os amiguinhos, a rotina foi interrompida por um carrão que chegou bem devagar e parou no meio da rua Carajás, que se transformava no nosso campo de futebol. A porta se abriu e desceu um senhor sorridente que foi cumprimentando os meninos como se fossem velhos conhecidos. Perguntou meu nome e se podia conversar um pouco com minha mãe. Sem hesitar, saí chamando pela minha mãe aos gritos: "manhêêê, manhêêê, esse homem quer falar com você". Na verdade eu disse "com a senhora" porque, naquela época e naquele bairro, filho que se prezava só tratava a mãe por senhora.

Com o mesmo sorriso com que tinha descido do carro, ele entrou em casa. Minha mãe o atendeu meio sem jeito, enxugando as mãos no avental, porque não era comum receber visitas de estranhos, ainda mais vindos com um carrão daqueles. Ele se apresentou dizendo se chamar Antonino e, em pouco tempo, já havia conquistado toda a família com suas histórias da Itália. Eu mesmo, garotinho, estava tão fascinado e magnetizado com a conversa do visitante que até me esqueci dos coleguinhas que continuavam animados com o jogo.

Por incrível que pudesse parecer, ao sair de casa, tinha conseguido vender uma coleção de seis dicionários enciclopédicos da Editora Formar. Parecia impossível imaginar que alguém pudesse vender qualquer produto naquela casa que tinha dinheiro apenas para comprar alimentos. Mas ele conseguiu com sua capacidade de persuasão baseada na simpatia, no seu jeito animado de contar histórias, na maneira cativante como envolvia as pessoas.

Hoje, quando penso na minha formação intelectual, sei que dois fatores tiveram influência decisiva – as histórias em quadrinhos e os dicionários enciclopédicos comprados do Antonino, que mesmo desatualizados conservo na minha biblioteca.

Antes de entrar no carro, me perguntou se poderia lhe apresentar alguns amiguinhos. Como eu queria continuar ouvindo suas histórias, disse que sim. Foram dois dias inesquecíveis e que marcariam minha vida para sempre. Ele fazia de tudo – na casa de um que tinha acordeão transformava-se em sanfoneiro, tocava e cantava as músicas que a família mais gostava; na casa de outro, o instrumento era o violão; no próximo ia para a cozinha ensinar receitas que davam água na boca. Era difícil sair sem vender mesmo que fosse um pequeno livro. E quando não podiam comprar, ele não demonstrava nenhuma contrariedade, as pessoas é que se despediam pedindo desculpas. Ao me deixar em casa, depois da última visita que fizemos, pôs a mão no meu ombro e disse: "Você é um bom menino, nunca se esqueça de que o comércio pode ser a melhor atividade da vida, pois é você quem estabelece seus próprios limites". Nunca mais vi o Antonino, mas jamais me esqueci do seu nome, das suas palavras e do seu jeito de ser.

Alguns anos mais tarde, conheci outro vendedor de livros que tinha a mesma capacidade de persuasão, Antenor de Jesus Rodrigues. Não sabia tocar instrumentos, mas possuía o mesmo magnetismo pessoal e conseguia conversar com desenvoltura com quatro ou cinco pessoas ao mesmo tempo e, em alguns casos, vendia para todas elas. Mais experiente e sabendo quanto poderia aprender com ele, fui trabalhar na sua distribuidora de livros. Até sua morte fomos grandes amigos.

Esses dois vendedores de livros me ensinaram muito. Hoje, quando preciso fazer a venda dos meus cursos, lembro-me de cada visita que fiz com o Antonino e com o Antenor. Devo muito do resultado da nossa escola a esses dois profissionais que conheci há tanto tempo e que marcaram muito a minha vida. Sei que, por mais bem preparado que eu esteja para desenvolver o meu trabalho como professor ou como empresário, jamais teria conquistado sucesso se não tivesse aprendido desde garoto a arte de vender.

Vez ou outra faço arrumações nas gavetas e sempre me detenho para admirar com saudade as minhas medalhas de campeão de vendas. Esses troféus me ajudam a lembrar dos tempos em que ainda garotão carregava uma pasta e saía vendendo livros de porta em porta, pondo em prática tudo o que havia aprendido com aqueles dois importantes professores, Antonino e Antenor.

Um encontro para o futuro

Já assisti à peça *Os miseráveis* inúmeras vezes, em diversas partes do mundo. Fiquei muito bem impressionado com a produção feita no Brasil. Foi um trabalho realizado com bastante profissionalismo e competência. Não ficamos devendo nada às montagens feitas em cidades que abrigam os melhores espetáculos do planeta. Além de gostar muito da história e sentir que cada experiência é única, pois consigo enxergar ângulos novos nas diferentes representações, essa obra de Victor Hugo me acompanha há muitos anos.

Como já disse, tomei gosto pela leitura quando ainda era garoto, graças à orientação segura das professoras que tive a fortuna de encontrar ao frequentar os bancos escolares. Para minha sorte, elas sugeriam a leitura de alguns clássicos, mas não se incomodavam que eu lesse edições condensadas, que para uma criança eram muito mais atraentes. Um dos livros de que mais gostei foi justamente *Os miseráveis*, de Victor

Hugo. Fiquei tocado com o infortúnio de Jean Valjean e com sua luta para superar os constantes obstáculos que a vida lhe apresentou.

Um belo dia, conversando com um de meus amigos de infância, Valter Theodoro, comentei sobre esse meu fascínio pela história contada por Victor Hugo. Relatei também que já havia lido o livro mais de uma vez e que, provavelmente, o leria ainda outras vezes. Algum tempo depois ele me confidenciou que, ao contar para sua irmã sobre o meu apego a esse livro, ela ironizou dizendo que eu não sabia bem o que era um livro. Fiquei indignado e disse que gostaria muito de ser apresentado a ela para poder trocar uns dois dedos de prosa e provar que ela estava errada. Ela não se furtou e veio conversar comigo. Tudo ficou esclarecido, pois o que a Marlene, esse era o nome dela, quis dizer é que não se poderia comparar uma edição condensada com a obra original. Concordamos e nasceu ali uma bonita amizade.

Com a minha mudança para São Paulo e a ida dela para os Estados Unidos, nunca mais nos vimos. Só mais de vinte anos depois voltamos a nos encontrar. Começamos a conversa relembrando que a nossa amizade nasceu por causa de uma discussão a respeito do livro *Os miseráveis*. Rimos bastante e... nos casamos. Agora já são mais de 20 anos convivendo com amor e harmonia. Por isso, sempre que podemos, vamos assistir à peça *Os miseráveis*. Afinal, nenhuma obra teve tanta influência em minha vida do que essa escrita por Victor Hugo.

Foi graças a essa obra que conheci essa parceira que me estimula e me ajuda tanto no desenvolvimento da minha carreira. O amor e a admiração recíproca nos permitem, com cumplicidade, comemorar juntos nossas vitórias e nos amparar nas horas difíceis.

Embora essa experiência tenha sido marcante em minha vida, não foi a única. Observei muitos casos em que os equívocos, as desavenças, os mal-entendidos se prestaram mais à compreensão do que ao desentendimento. Já não me surpreendo quando vejo boas situações que tiveram origem em conflitos – depois de esclarecidos os fatos, como a aproximação das pessoas já está feita, ninguém mais discute, e naturalmente passa-se a conversar. O entendimento, obviamente, só é possível desde que um e outro se apresentem com espírito desarmado e se comportem com boa vontade.

Os livros que escrevi

Os livros que escrevi foram essenciais para o sucesso da minha atividade. As obras chegam às mãos dos leitores em todos os cantos do país e em várias partes do mundo, em lugares que jamais seriam atingidos pelas promoções normais. Isso torna possível passar em escala ilimitada o conhecimento e a experiência que adquiri durante toda a vida. Até agora escrevi 18 livros, com mais de um milhão de exemplares vendidos. Cinco deles entraram nas listas dos mais vendidos do país, em algumas delas em primeiro lugar, e muitos deles fazem sucesso também no exterior. São responsáveis por 15% dos alunos que procuram nosso curso.

Como não poderia deixar de ser, com os livros a história também não foi fácil. Levei nove longos anos escrevendo o livro *Como falar corretamente e sem inibições*. Mais do que dedicado, fui perfeccionista. Na época em que eu me empenhei em escrevê-lo, havia em São Paulo duas grandes escolas de oratória que concorriam comigo, a do meu querido mestre e professor Oswaldo Melantonio e a do professor Admir Ramos. Quem os conheceu sabe o que significavam essas duas feras da comunicação. Para que nada saísse errado no livro, eu escrevi cada um dos capítulos imaginando que os dois mestres estavam postados em pé ao meu lado, me observando atentamente e aguardando que qualquer deslize fosse cometido para fazer uma crítica.

Passados mais de 30 anos, posso agora confessar minha soberba e minha ingenuidade. Eu pensava que, assim que terminasse o livro, teria inúmeras editoras disputando a tapa o "privilégio" de publicá-lo. Para aumentar ainda mais minha autoconfiança, no princípio da década de 1980, Nilson Lepera, hoje diretor comercial da Editora Saraiva, era meu aluno no curso de Expressão Verbal. Comentei com ele que estava escrevendo um livro e Nilson me pediu que o procurasse assim que o concluísse. Cerca de dois anos depois, com o último capítulo finalizado, liguei para avisá-lo e rapidamente percebi que a história mudara de rumo: "Polito", disse-me ele, "verifiquei com o pessoal da editora sobre a possibilidade de publicar seu livro, mas há pouco interesse".

Fiquei sem chão. Uma coisa é ser contrariado no dia a dia, nas questões corriqueiras. Basta aprender a não dar mais valor do que uma questão merece, sacudir a poeira e seguir em frente. Outra, diferente, é pensar ter assegurada uma das mais almejadas conquistas da vida e vê-la escapar por entre os dedos. Respirei fundo e disse para mim mesmo que mais uma vez a solução apareceria. Aí começou a minha peregrinação mandando partes dos originais para diversas editoras – na maioria dos casos nem resposta recebia. Depois de esgotar todas as possibilidades, como última e única solução, decidi publicar o livro por conta própria. Fiz o levantamento de custos para composição do texto, diagramação, fotolito e impressão. No dia em que eu estava para bater o martelo e me comprometer com os diversos fornecedores, decidi fazer mais uma tentativa. Como se usasse minha última ficha, liguei novamente para o Nilson e perguntei se não havia mudança na decisão.

Essa é uma maneira de agir que transformei em filosofia de vida: nunca aceitar um fato como consumado mesmo que as portas pareçam fechadas. Quando chego na escola, por exemplo, e um funcionário me diz que certa pessoa ligou para tratar de um negócio importante, mas que não adianta ligar de volta porque ela ficaria no escritório só até às 17h00 e já passa das 18h30, assim mesmo sempre faço o telefonema. Em mais de 40% dos casos consigo falar com a pessoa, que ficou presa numa reunião ou teve de voltar para buscar um documento – não importa a razão, o que vale é que consigo falar com ela. Ajo da mesma forma quando me dizem que não há mais vaga no restaurante, os bilhetes do show estão esgotados, o curso foi cancelado e por aí vai. Fico surdo para o “não” e sempre tento mais uma ou duas vezes. Se em cada dez ou vinte casos um der certo, já valeu ser persistente.

Continuando: liguei para o Nilson Lepera e lhe disse que estava pronto para publicar o livro sozinho. Na mesma hora, ele me falou de maneira veemente: "Não faça isso". E explicou: "A Editora Saraiva não está publicando livros sobre o assunto. Mas o fato de não termos uma área específica para lançar o seu livro não significa que nós não o queremos. Pelo contrário. Acho que seu livro poderia dar início à publicação das obras de interesse geral e, cá entre nós, tenho certeza de que será um sucesso histórico".

Embora minha última ficha tivesse se transformado, de repente, numa chuva de confetes, faltava ainda que outras pessoas abraçassem a causa. Nilson passou os originais de meu livro para o editor responsável. Esse profissional aproveitaria o sábado e o domingo para fazer uma leitura atenta e dar seu parecer no início da semana. Na segunda-feira, às 9h00 em ponto, telefonei para o Nilson. Conversa vai, conversa vem e, em pouco tempo, eu estava em sua jugular: "E aí, qual foi o parecer do editor?". E o Nilson me respondeu com toda a naturalidade: "Rapaz, você não sabe o que aconteceu. Na correria, ele acabou saindo e deixou os originais na gaveta. Mas fica tranquilo que ainda este mês vamos ter uma resposta". Agradeci, desliguei o telefone e fui dar uma volta de carro para atenuar minha frustração. Três dias depois, recebi o telefonema que tanto esperava, com o Nilson me dizendo que estava peitando o projeto e assumia a responsabilidade pela publicação.

Desde o seu lançamento, o livro caminhou bastante. Ultrapassou 110 edições, vendeu mais de 500.000 exemplares e permaneceu três anos e meio nas listas dos mais vendidos. Na lista da revista *Exame*, a maior revista de negócios do país, permaneceu algumas quinzenas em primeiro lugar. Foi publicado em outros países e selecionado sob critério rigoroso por governos municipais, estaduais e federais. Devo muito do sucesso desse livro ao prefácio feito pelo Blota Jr., o melhor orador que tive a felicidade de ver em ação.

Depois do seu lançamento, publiquei mais 17 títulos que concorrem com ele nas vitrines das livrarias. E lá do alto das estantes, garboso, ele parece dizer aos novos livros que escrevo: sejam bem-vindos, mas não se esqueçam de que fui o primeiro, o iniciador dessa história.

Um ano depois de publicar esse livro, lancei o *Gestos e postura para falar melhor*, a única obra no gênero publicada no Brasil. Tudo parecia calmo, meio parado e até sem novas perspectivas com a questão editorial, até que um fato inesperado ocorreu. Certa tarde, quando terminara de ministrar uma de minhas aulas, recebi um telefonema curioso, de um senhor que até então eu não conhecia e que se identificava como Fujimi Yamashita, diretor da IOB, empresa especializada em informações nas áreas fiscal e tributária. Já no início da nossa conversa, ainda pelo telefone, ele me perguntou se eu tinha interesse em publicar, pela sua empresa, uma obra que ensinasse a falar em público. Deveria ser um trabalho diferente dos livros que eu já tinha publicado e que não tivesse semelhança com outros do mesmo gênero existentes no mercado.

Antes que pudesse dar qualquer resposta, ele me perguntou se eu estava disponível naquele momento para uma entrevista. Não me lembro bem se cheguei a dizer que não estava ocupado, mas me recordo que em pouco mais de quinze minutos o doutor Yamashita, um dos homens mais determinados que conheci, estava estacionando seu automóvel em frente a minha escola para me convencer de que, se assinasse contrato com sua organização, estaria fazendo o melhor negócio da minha vida.

Com estilo diferente, Yamashita fez o que Antenor de Jesus Rodrigues, meu professor de vendas, havia me ensinado: quando o cliente estiver em dúvida e precisar de ajuda para tomar a iniciativa da compra, não vacile e ponha a caneta na mão dele para que assine logo o pedido. E eu assinei.

Em menos de dois anos, a obra, em cinco módulos, estava pronta para ser comercializada. Teve boa aceitação do público, a ponto de levar a Editora Saraiva, que já publicava meus outros dois livros, a fazer uma proposta para editar separadamente cada um dos módulos. Surgiram, dessa forma, cinco novos livros. Três deles foram tão bem-sucedidos que entraram para as principais listas dos livros mais vendidos do país.

Não me acomodei com o resultado dessas conquistas. Se existe um jeito infalível para estagnar, é permanecer preso a um estilo a vida toda, sem observar as mudanças que ocorrem à nossa volta. Por pensar assim, promovi uma reviravolta na minha carreira de escritor e, nos últimos 15 anos, passei a escrever regularmente para revistas, sites e jornais, o que é uma excelente maneira de divulgar e promover a imagem do curso.

Esses veículos exigem uma linguagem leve, bem-humorada e arejada. Se não for assim, os leitores passam rapidamente para outros textos. Diante dessa realidade, mudei meu estilo de escrever. Transportei para esses textos a mesma linguagem que uso em sala de aula e nas palestras que ministro. Só que o estilo dos meus novos textos não combinava com aquele que eu usara nos primeiros livros, que eram mais técnicos. Por isso, resolvi arregaçar as mangas e reescrever todos os meus livros com essa linguagem atualizada. Deu muito trabalho– foram três anos usando quase todas as madrugadas e finais de semana. Chegou a doer fisicamente.

Com o trabalho concluído, me veio à cabeça que os livros abordavam os temas com profundidade, mas se o leitor quisesse informações mais rápidas e objetivas nenhuma dessas obras poderia atendê-lo. Lembro-me como se fosse hoje: eram três horas da manhã e imediatamente comecei a elaborar um novo projeto, pois acho que perda de tempo é sacrilégio. Procuro pôr meus projetos em prática com a maior rapidez possível. Se tenho uma ideia que considero importante, o assunto passa a ser prioridade em minha vida, e redobro a energia e a disposição para executá-la. Nunca posterguei um plano. Se algo precisa ser feito, deve ser feito agora.

Assim, às três da madrugada, decidi fazer um livro com dicas, que pretensiosamente chamei de *Superdicas*. Em três dias, fiz um livro com 60 dicas, tendo cada uma no mínimo 1.650 toques e no máximo 1.800 toques. Levei o original para a Saraiva e insisti para que fosse um livro de bolso e com preço acessível. Deu certo. Em três anos, o *Superdicas para falar bem* vendeu 300.000 exemplares. Segundo levantamento da revista *Veja*, em 2006 foi um dos dez livros mais vendidos no país. O resultado foi tão positivo que o livro foi publicado também em espanhol, em inglês e em italiano.

Diante do sucesso tão estrondoso, acertei com Rogério Gastaldo, editor da Saraiva, transformar o livro numa série de *Superdicas*, tratando de outros temas. Desde que comecei a dar aula de oratória, impus para mim mesmo que jamais trataria de outro tema para não perder o foco. Se eu tratasse de vários assuntos, não poderia ter a identificação que tenho com meu trabalho. Correria o risco que me perguntassem qual é a minha atividade. Para me manter fiel à minha autoimposição, passei a coordenar a série, convidando os mais importantes autores para tratarem dos temas da sua especialidade. Já foram dezenas de títulos publicados, todos com grande vendagem. É um dos maiores sucessos editorais no Brasil nos últimos tempos.

Observando o bom desempenho do meu livro *Superdicas para falar bem*, vislumbrei outro nicho de mercado que poderia ser explorado: os audiolivros. Gravei meu *Superdicas* na minha própria escola e levei pronto para a Saraiva só prensar. Deu certo. Assim passei a coordenar também a área de audiolivros na Saraiva. A editora italiana Italianova também gostou da ideia dos *Superdicas* e, além do meu livro, está publicando toda a coleção que coordeno. É sempre uma alegria quando recebo da Itália os livros dos autores que convidei para participar da série.

Para encerrar esse tema que é tão apaixonante para mim, quero falar de outro livro que considero especial, o *Oratória para advogados e estudantes de direito*. Certo dia, recebi um telefonema do Massimiliano Pilotti, o Max, dono da Italianova, editora que mencionei há pouco. Ele me perguntou se não gostaria de escrever um livro de oratória para os advogados italianos. Segundo ele, há muitas livrarias especializadas em livros de direito em seu país – mas nenhuma obra com esse conteúdo. Aceitei a tarefa e, após dois meses, já estava encaminhando para ele os originais. Como disse, projeto bom não fica parado.

Pouco depois, me encontrei na porta de um restaurante com o Luiz Flávio Borges D'Urso, presidente da OAB–SP. Ele quis saber se havia alguma novidade e eu lhe respondi que estava publicando na Itália um livro de oratória para advogados. Ele disse que esse era um projeto que também deveria ser viabilizado no Brasil. Dessa rápida conversa, nasceu o livro que tem a honrosa chancela da OAB de São Paulo e prefácio de seu presidente – que o chamou de "a Bíblia da oratória para os advogados". O livro não só encontrou ótima receptividade junto aos advogados como chegou ao primeiro lugar em vendas entre todos os livros publicados pela Editora Saraiva.

Como foi que eu, sem ter formação em direito, pude escrever um livro de oratória para advogados? Sempre fui um curioso sobre temas relacionados à oratória. Tenho comigo que aprender tudo o que for possível sobre minha atividade profissional é uma forma de me preparar para os inesperados desafios que o futuro sempre pode reservar. Desde jovem, admiro os discursos proferidos pelos advogados. Tenho centenas deles em minha biblioteca. Eu os estudei para analisar como a oratória judiciária aplicava na prática a teoria da comunicação verbal. Além do meu próprio aprendizado, não havia nenhum objetivo específico para essa leitura. Não imaginava que esse conhecimento sobre a comunicação dos advogados, adquirido durante anos apenas pelo prazer do estudo em si, seria tão útil no momento em que decidi escrever essa obra. Por causa desse livro, tenho feito dezenas de palestras para os advogados, e meu contato com essa classe de profissionais, que já era relevante, passou a ser ainda mais próximo.

Comemorando as conquistas

Depois de escrever um livro, nada melhor do que comemorar a conquista preparando um lançamento grandioso, certo? Errado. Pelo menos no meu caso. Definitivamente, detesto lançamento de livro – dos livros lançados pelos meus amigos, não, lógico. Faço de tudo para comparecer e celebrar com eles. Sei bem o que significa escrever e publicar um livro. Dá trabalho e exige muito sacrifício. Um livro, às vezes, é o resultado do aprendizado e da pesquisa de uma vida inteira. O lançamento, portanto, mais do que um evento com objetivos comerciais, é uma bem-merecida comemoração.

Mas os lançamentos dos meus livros me apavoram. Presenciei algumas cenas que jamais consegui esquecer. O autor sozinho, com apenas três ou quatro parentes ao lado, suplicando, com aquela cara de cachorro sem dono, que alguém parasse para pedir um autógrafo. É triste e muito constrangedor. Os vendedores da livraria disfarçam, fingem que não percebem nada e agem como se aquele cenário de velório fosse normal. Assim que aparece um salvador da pátria, o escritor abre aquele sorriso de alívio, recosta-se na cadeira e segura, numa interminável conversa, a vítima que acabou de formar a longa fila de apenas uma pessoa.

Por morrer de medo que fato semelhante pudesse me acontecer, desde o lançamento do meu primeiro livro exagerei. O normal é mandar por volta de 2.000 convites. Pois mandei mais de 20.000. Acompanhei de perto o trabalho da assessoria de imprensa da Saraiva para agendar entrevistas em tudo que era emissora de rádio e de televisão, sempre com o objetivo de levar bastante gente para a grande noite.

Bem, com tanta promoção, as pessoas compareceram em bom número. A fila teve de sair pela porta da livraria até a calçada. Resolvido um problema criei outro. Como mandei convite para todos os ex-alunos, alguns que haviam frequentado minhas aulas há muitos anos viajaram do Nordeste para São Paulo apenas para me prestigiar. Só que, depois de tanto tempo, para minha desgraça, já não tinham mais a mesma fisionomia. Paravam na minha frente com um largo sorriso e perguntavam: "Lembra de mim, mestre?". Não, eu não me lembrava. Mas não confessaria essa minha amnésia nem sob tortura. A dedução era mais ou menos lógica, se ele me chamou de mestre, provavelmente, deve ter sido meu aluno. Por isso, sem hesitar, eu me levantava e dava um abraço bem apertado. Quanto menos eu me lembrava da pessoa, mais apertado era o abraço. Para piorar, os que me pareciam mais estranhos retiravam da primeira página do livro o papelzinho com o seu nome, para ver se eu os reconhecia mesmo. Passados alguns minutos, que davam a impressão de ser uma eternidade, surgia um professor da minha escola, ou um de meus filhos para me tirar da saia justa. A pergunta era mais ou menos padronizada: "Você foi aluno do meu pai? Em que ano? Como você se chama?". E eu ali, firme, como se a história não fosse comigo.

E assim sobrevivi a mais dois lançamentos. Nunca mais passo por esse sofrimento, chega! Hoje quando encontro uma pessoa que me cumprimenta e eu não reconheço, sempre vem a gozação de um de meus filhos, dizendo que vai convidá-lo para o lançamento do meu próximo livro.

O problema todo está no fato de que, como estou há bastante tempo no mercado e as pessoas mudam muito o aspecto físico, tenho dificuldade em reconhecê-las. Se, entretanto, tenho a chance de conversar com elas por alguns instantes consigo me lembrar de informações que, às vezes, nem elas se lembram mais.

Certa vez, passeando num domingo em um shopping em São Paulo, encontrei-me com uma pessoa que me olhava como se me conhecesse. Era um homem de cabelos grisalhos e com calvície acentuada. Ele se aproximou e disse: "Você não se lembra mais de mim, né?". Eu respondi que sua fisionomia não me era estranha. Ainda sorrindo, comentou que havia sido meu aluno há mais de 20 anos. E citou nomes de alguns de seus colegas de classe. Nesse momento, eu o interrompi e disse: "Há palavras que choram e lágrimas que falam". Ele perdeu a fala por alguns segundos. Disse que estava impressionado com o fato de eu me lembrar da frase com a qual ele havia iniciado o discurso que proferiu num concurso de oratória. O problema em lançamentos de livros é que eu até me lembro de algumas passagens desses ex-alunos, mas tenho dificuldade em associar o nome às fisionomias, às vezes, tão mudadas.

Uma solução que encontrei para comemorar o lançamento do meu último livro foi proferir uma palestra. A OAB de São Paulo promoveu a palestra durante a Semana Jurídica e lotou todas as salas da instituição. No final, me coloquei à disposição para autografar os livros. Foi excelente. Não me senti pressionado nem constrangido.

O mérito maior do lançamento não está no evento em si, no qual, caso seja um sucesso, se vendem uma ou duas centenas de exemplares, mas sim na sua divulgação. A divulgação do lançamento de um livro pode proporcionar convites para entrevistas, palestras e abrir as portas para diversos outros negócios que vão além da venda do livro em si.

AMIGOS DE INFÂNCIA TAMBÉM SÃO BONS PROFESSORES

Tirando a Times Square em Nova York, a Sete de Abril, com o Viaduto do Chá, em São Paulo, e a rua Carajás dos anos 50 no Jardim Primavera, em Araraquara, talvez não possamos encontrar muitos outros locais com movimentação parecida. Parece exagero? Só na família do Bonani, que morava na rua Carajás, havia 11 filhos – nunca vi a Izaura sem estar grávida. Cada um deles tinha uma penca de amigos de todos os bairros.

Lá pelas 17h00, aquela pequena rua de 100 metros de comprimento se transformava numa Disney World. Futebol, esconde-esconde, bolinha de gude, pião, papagaio, botão, figurinha, tudo, tudo o que você imaginar para brinquedo e brincadeira de crianças poderia ser visto naquele paraíso infantil. Eram tantos atrativos que as crianças de todos os outros bairros iam para lá. O Alemão andando de costas na bicicleta era um espetáculo à parte. Devia trabalhar no circo do Negrito Landa, diziam os admiradores mais empolgados. O corredor de entrada da casa do Zé Bonavina era o local preferido para o campeonato de botão, com jogos narrados de maneira empolgada pelo Bertão – feitos de botões mesmo, tirados do casacão do avô e lixados até ficarem lisinhos. O quintal do Seró e do Decião Mantegassi era excelente para um tipo especial de jogo de bolinhas de gude, a biroca. A casa do Carlão e Miguel Jafelice, quando a mãe Linda deixava, era o canto ideal para bater figurinha. Virando a esquina ficava a casa do Marquinho, perfeita para treinar embaixadas.

Os bons momentos daquela rua continuavam à noite, depois das oito. A prefeitura acabara de instalar luz elétrica na rua e nós aproveitávamos a maravilhosa novidade. Um dos meninos, Nim, dos poucos que já trabalhavam, durante o dia era assistente em uma oficina mecânica e à noite saía da rua Tupi, sentava-se com a garotada toda a sua volta – o mais velho não chegava aos 12 anos – e fazia o que mais gostava: contar histórias.

Seu repertório era inesgotável. Todas as noites, como se fosse um velho índio rodeado pelos guerreiros da tribo, encostado no poste, debaixo da luz, com voz pausada e envolvente começava com sua frase preferida: "Era uma vez". Naquela época, nós não tínhamos televisão e precisávamos nos contentar com os programas de rádio. Por isso, as histórias cativantes contadas pelo Nim eram uma diversão imperdível. Muitas delas não vinham de lugar nenhum, eram só fruto de sua impressionante criatividade.

Não sei se o Nim continuou trabalhando como mecânico ou se explorou sua habilidade de contar histórias e interpretar personagens para se dedicar ao teatro ou a algum outro ramo da comunicação. Ele também não sabe, mas ainda hoje, mesmo contando histórias diferentes, me oriento na lembrança de suas performances para fazer minhas palestras e ministrar muitas das minhas aulas. Que aprendizado riquíssimo!

Infelizmente está cada vez mais difícil encontrar crianças contando histórias numa roda de amigos. É uma pena que não existam mais ruas Carajás como naquela época – uma época em que todos nos sentíamos seguros, alegres e muito livres. A rua Carajás ainda está ali no mesmo lugar e algumas das antigas famílias continuam morando nas mesmas casas, mas as histórias do Nim e os jogos da molecada naquele chão de terra batida são apenas lembranças de um passado que nunca mais voltará.

Ao me lembrar dessa época tão gostosa da minha infância, sinto que a vida ficou mais chata. Nem tudo o que era feito com naturalidade e de coração aberto pode ser repetido hoje.

Aceitávamos as pessoas como elas eram e elas nos aceitavam sem nenhum esforço. Amigo era amigo. Não importava a condição financeira, a cor da pele ou a história familiar.

Hoje quem tem mais de 45 anos, por exemplo, precisa duplicar os cuidados com a história do politicamente correto. Sim, porque quem tem mais de 45 anos foi criado naquela cultura em que chamar ingenuamente o amiguinho de rua de negão ou de pretinho, de japinha, de alemão, era tão espontâneo quanto natural. Tanto é verdade que os meus amigos negros de infância, e que eram muitos, quando passavam em casa (ou "di casa", como diziam meus vizinhos da Carajás), deixavam recado com a minha mãe: avisa que o negão, ou o pretinho, passou "daqui".

Com o tempo, entretanto, tratar as pessoas com palavras que identificam a cor da pele ou a origem racial passou a ser politicamente incorreto. Assim, numa fase de transição, lá pelo final da década de 1960 e início dos anos 1970, as pessoas começaram a mudar o jeito de falar. O tratamento passou a ser "pessoa de cor". E a pergunta que se fazia era essa: "Pessoa de cor? Mas de que cor você está falando?". Essa observação demonstrava que o novo tratamento também era visto como preconceituoso. Por isso, o pessoal mais veterano ficou perdido, sem saber como agir. Afinal, como chamar o velho amigo que sempre foi tratado por negão, ou japinha, ou alemão? E que nunca achou ruim, a ponto de assumir o apelido com a maior tranquilidade. Com o passar do tempo, curiosamente, dizer que a pessoa era negra, amarela ou branca também passou a ser visto por alguns como tratamento preconceituoso. Aí os quarentões quase piraram. E agora, como falar?

Quem tem menos de 45 anos ficou numa situação ainda pior. Precisa quintuplicar os cuidados com o politicamente correto. Lógico, porque quem tem menos de 45 já foi criado no seio de uma sociedade consciente de que tratar as pessoas pela cor da pele ou origem racial indica preconceito. Portanto, se a pessoa incorrer nesse erro, não terá desculpa – errou sabendo que estava errando. Mas onde estou querendo chegar com essa reflexão? Simples. Aprendi que, ao falar, seja na minha própria empresa, ou com o público externo, é preciso estar consciente de que ser politicamente correto é um cuidado que precisamos ter para considerar o próximo, com suas características, anseios, formação e experiências. Por outro lado, não há como negar que tem muita gente hipócrita por aí. São aquelas pessoas que costumam exagerar: pegam tudo ao pé da letra e ficam vigiando cada vírgula do que é dito para cair de pau em cima do desavisado.

Só para dar um exemplo: quando escrevi o livro *Como falar corretamente e sem inibições*, tive um problema. Ao tratar do tema relacionado ao medo de falar em público, inclui uma citação de um dos mais importantes nomes da história da psicologia, o ex-professor da Fundação Getulio Vargas e renomado conferencista Emílio Mira Y. Lopes. Em uma passagem da sua famosa obra *Quatro gigantes da alma*, o autor afirma que o medo é o gigante negro. O mundo quase caiu sobre minha cabeça. Recebi inúmeras cartas me acusando de ser preconceituoso simplesmente porque usei uma citação baseada na obra de um conceituado estudioso.

Se você olhar o livro a partir da quarta edição, vai constatar que inclui uma nota de rodapé com a seguinte explicação: "Emílio Mira Y. Lopes, na sua obra *Quatro gigantes da alma*, identifica cada gigante por uma cor característica – o medo é negro, a ira é rubra, o amor é róseo e o dever é incolor”.

São cuidados que precisamos tomar para viver em sociedade e tocar sem problemas nossa carreira. Como já passei dos 50, fico atento a tudo o que falo ou escrevo, pois sei que estou impregnado por uma ingenuidade que me acompanha desde os primeiros anos e que, talvez, nunca me abandonará. Tomar cuidado sim, mas sem me dobrar à paranoia ou à hipocrisia.

MAIS GENTE
CONTANDO HISTÓRIAS

Aprender desde criança a importância de saber contar história foi importante para o sucesso da minha atividade como professor, como palestrante e como empresário. Como professor porque, além de tornar as aulas mais leves e atraentes, ajuda os alunos a guardarem com mais facilidade a matéria ministrada. Como palestrante porque uma boa história tem o poder de manter e até aumentar a concentração da plateia, pois torna o tema mais interessante (aliás, não conheço bons palestrantes que não saibam contar histórias). Como empresário porque as boas histórias podem tornar os ambientes mais descontraídos.

Sei que, entre outros motivos que possam existir, o fato de eu ser um contador de histórias faz com que as pessoas me convidem para encontros e reuniões. Durante encontros com executivos, profissionais liberais e outros empresários, alguns amigos, por exemplo, costumam pedir para eu contar determinada história para aqueles que ainda não a conhecem. Com o tempo, fui me aperfeiçoando e passei também a contar as histórias fazendo imitações e interpretando personagens.

Além do aprendizado que tive ouvindo o Nim contar histórias na rua Carajás, tive outra experiência muito rica em Bueno de Andrada, cidade onde morou meu primo e grande amigo Renato Saes. Renato é um excelente exemplo da importância de ser um bom contador de histórias. Como ferroviário, seu pai teve de viver em diversas pequenas cidades até encontrar um lugar ideal para criar os quatro filhos. Assim chegou a Bueno de Andrada, ou apenas Bueno, como é chamada carinhosamente por seus moradores. Não é uma localidade fácil de ser encontrada em qualquer mapa. Fica entre Araraquara e Matão. Até bem pouco atrás, só se chegava lá por estrada de terra batida. Na época em que Renato viveu ali, somando a população urbana com o povo que vivia nos sítios e fazendas, mais o padre que se deslocava para lá todos os domingos para rezar a missa, não chegava a mil habitantes.

Esse lugarejo não possuía muitas alternativas de lazer. Como a televisão ainda não havia chegado por aquelas bandas, o único divertimento noturno da população era ver a parada do trem das sete, o último trem de passageiros do dia. Assim que o trem partia, todos, em silêncio, ficavam olhando até o comboio fazer a curva e dar o apito, que funcionava como espécie de despedida. Algumas pessoas, especialmente as mais idosas, permaneciam na estação, sentadas no banco para contar "causos" e ouvir histórias. Algumas dessas histórias eram verdadeiras, outras nem tanto, fabricadas pela imaginação daqueles simpáticos senhores. Eu passava quase todos os períodos de férias na casa do Renato. E também participava das conversas com aqueles senhores no banco da estação.

Foi nesse ambiente de contadores de histórias que Renato Saes passou a infância, e aprendeu ali com as pessoas mais velhas a arte de prosear. Para uma criança, Bueno era um paraíso. Mas, para adultos, para manter a imagem da estrada de ferro, era quase um fim de linha. Assim, num belo dia, Renato Saes pegou uma pequena mala com poucas roupas, enrolou seu diploma de professor primário e resolveu partir. Tomou o trem que parava na porta da sua casa e, contando apenas com sua boa conversa interiorana, rumou para São Paulo. Foi, viu e venceu na desafiadora cidade grande – se existe alguém que ganhou a vida na conversa, foi ele. Esse menino bom de papo, que chegou sozinho e sem nenhum recurso em São Paulo, se tornou um dos principais fabricantes de transformadores do país. Hoje está em Itápolis, no interior de São Paulo, produzindo e dando emprego a centenas de pessoas.

Sempre me lembro daquelas rodas de prosa. Quando me encontro com o Renato e começamos a conversar, às vezes fecho os olhos e me transporto para aquela estação ferroviária. Tenho a impressão de que ainda estou lá no meio daqueles senhores ouvindo histórias – uma diversão que, tanto para mim quanto para o Renato, foi determinante para nossa trajetória.

Sem potencial não há como aprender

Entre as coisas de que tenho certeza, uma delas diz respeito à minha incompetência musical. Por necessidade, em casos extremos, sou até capaz de cantar uma música engraçada para ressuscitar plateias para lá de moribundas. Mas é uminha, ensaiada anos a fio, que levo na manga para essas ocasiões de desespero. Afora essas circunstâncias em que a corda está no pescoço, nem sino de igreja eu toco.

Mas a vida gosta de pregar peças e não nos permite virar as costas e dizer "isso não é comigo". Quando ingressei na Academia Paulista de Educação, ocupei a cadeira número 3, cujo patrono é o maestro Fabiano Lozano, um dos maiores expoentes da interpretação do canto orfeônico da história brasileira. O maestro exerceu suas atividades por 45 anos, sendo ovacionado no país todo e no exterior. Por isso, ao ocupar a cadeira desse patrono tão ilustre, não pude deixar de pensar que, em termos de música, estávamos em posições totalmente opostas.

Quando falo que não tenho nenhuma aptidão musical, não significa que nunca tenha tentado. A banda do Colégio São Bento de Araraquara era excepcional, tanto que vivia vencendo concursos em todo o território brasileiro. Tocar nessa banda era o sonho de quase todos os jovens araraquarenses, inclusive o meu. Certa vez procurei o maestro Ariosto, responsável pela banda, para ver se eu poderia tocar qualquer instrumento.

Depois de uma rápida avaliação inicial, ele concluiu que, como eu não tocava pífaro nem flauta escocesa e nenhum dos inúmeros instrumentos usados pela banda, disse que o ideal para mim seria tocar pratos (talvez, só para contrariar o refrão da música composta em 1952 por Manoel Brigadeiro e João Corrêa: "Quem não sabe tocar violão nem pistom toca surdo. Sempre agrada porque neste mundo tem bobo pra tudo"). Para mim, o prato foi um prêmio de consolação, que satisfez minha vontade de pertencer ao grupo. Assim, agarrei minha única chance de participar da banda.

Depois de uma semana de ensaios, eu ainda não sabia bem como agir. Ficava de olho no Alcides, um tocador de pratos experiente que se postava ao meu lado e, toda vez que ele levantava o braço para tocar o instrumento, eu o acompanhava. Mesmo que às vezes o resultado não fosse tão bom, não importava muito, pois eram só ensaios.

A estreia veio mais rápido do que esperava. Naquela mesma semana, a banda participou da inauguração de um pontilhão. A cidade toda estava lá para comemorar. Com receio de passar vexame, redobrei minha observação em relação aos movimentos do meu parceiro. Quando estávamos bem em frente às autoridades, ele levantou o braço e eu o acompanhei como uma sombra. Para minha surpresa, entretanto, dessa vez ele apenas queria coçar a cabeça. Só se ouviu o barulho ensurdecedor dos meus pratos e as gargalhadas dos colegas de banda e de toda a população presente àquele evento. Não era bem assim que eu imaginava levantar a galera com a minha música.

O único que não gostou da história foi o maestro, que gentilmente me convidou a me retirar do grupo. Durou pouco, portanto, minha experiência como intérprete musical.

Na época fiquei chateado, mas hoje agradeço ao maestro por impedir que eu continuasse perdendo tempo tentando exercer uma atividade para a qual não possuía nenhum dom. Imagino que o maestro Lozano, lá de cima, deva estar se perguntando: "Mas, afinal, com tanta gente ligada à educação, por que foram escolher logo este com um currículo musical tão "invejável" para ocupar a cadeira da qual sou patrono?".

Jamais desestimulo alguém que se propõe a desenvolver um projeto, seja lá qual for. Se, por exemplo, tivesse ouvido os amigos que, querendo me ajudar, disseram que minha escola não daria certo, meu destino teria sido outro. Por causa de experiências como essa que tive com o maestro Ariosto, entretanto, dou opinião contrária quando percebo que a pessoa não tem competência, nem habilidade, nem potencial para o que se dispõe a fazer. Se não agisse assim, poderia incentivar um empreendimento que seria um fracasso antes mesmo de começar.

Sempre aprendendo: Como se portar

Quando cheguei a São Paulo vindo do interior, queria porque queria me tornar um executivo. Era um daqueles sonhos da criança que vivia admirando administradores de empresa bem vestidos, num espaçoso escritório, cercados de secretárias por todos os lados.

O primeiro emprego que consegui foi de auxiliar de escritório na fábrica de óleo Maria, no bairro do Ipiranga, depois de muito pelejar fazendo testes de datilografia nas incontáveis empresas de recrutamento e seleção localizadas no centro velho de São Paulo.

Passava o domingo assinalando os classificados do Estadão e na segunda-feira bem cedinho dava início a minha peregrinação. Ainda hoje não consigo entender como a minha ingenuidade me permitiu identificar e me livrar das arapucas que surgiam naqueles labirintos imundos, escondidos atrás dos imensos corredores no fundo das galerias.

Após muito tempo subindo e descendo escadas sem conseguir nada, pois todas as empresas exigiam que o candidato fosse exímio datilógrafo – nessa arte eu era pouco mais do que um catador de milho –, deixei o orgulho de lado e recorri à ajuda do Mauro Eid, meu primeiro sogro, para me empregar. Como ele trabalhou mais de 20 anos na tesouraria do Citibank e conhecia muita gente, me apresentou ao Renato Costivelli, um grandão da Arthur Andersen. Depois de me olhar de cima a baixo, Costivelli disse que só poderia me contratar quando eu estivesse no terceiro ano da faculdade. Enquanto isso deveria procurar o Hércules Aprile, que havia trabalhado com ele e agora dirigia a contabilidade da J. B. Duarte. Foi assim que iniciei minha carreira de “grande executivo”.

Logo pela manhã vestia uma camisa de rendas (nem sei como essa bendita apareceu na minha vida), acertava uma gravata que parecia um cordão de sapatos e cobria tudo com uma blusa bem fina, azul-esverdeada. De cabeça erguida, todo orgulhoso e “tão bem trajado”, bem cedinho me pendurava nos estribos de ônibus lotados para ir ao trabalho. Na hora do almoço, pegava minha marmita quentinha e traçava o arroz com feijão e ovo, já que os bolinhos de carne sempre eram surrupiados antes da minha chegada ao refeitório. Entre uma garfada e outra, sem prestar a atenção devida, percebia vagamente que alguma coisa não combinava muito. Todo mundo de macacão ou de camisa esporte e eu lá com aquela roupa estranha. Passada uma semana do início das minhas atividades naquela empresa, o Hércules me chamou num canto e explicou que eu não precisaria me vestir tão "socialmente" – só aí é que a ficha caiu e eu me conscientizei de que a roupa não era adequada.

Com mais três meses, percebi que o meu negócio não era contabilidade e me mandei para um estágio no Instituto de Economia Agrícola. Esse estágio me ajudava a preencher o currículo que eu não possuía, inclusive em relação a nomes pomposos: Estagiário no Departamento de Análise Estatística e Econométrica no Instituto de Economia Agrícola da Secretaria da Agricultura do Estado de São Paulo. Escrevendo com letras bem grandes dava quase uma página. Com mais umas duas linhas talvez já escapasse dos testes de datilografia.

Aquela conversa que tive com o Hércules sobre a minha roupa me deixou ruborizado de vergonha naquele momento, mas também me ajudou por toda a vida. Dessa vez a lição foi posta em prática. Como o departamento onde estagiei era frequentado somente por engenheiros agrônomos, ninguém lá usava terno – exceto aqueles que deixavam o paletó sobre a cadeira, só para dizer que estavam por perto, quando na verdade haviam saído para vender adubo nas fazendas (era desse modo que se viravam para ganhar um dinheiro extra). Assim, livre e esportivamente vestido, passei a usar uma roupa compatível com a circunstância.

Aquele início realmente foi quase uma provação. São Paulo era, para mim, uma cidade assustadora e todos os desafios que ela me impunha pareciam intransponíveis. Naquela época, só para dar uma ideia da situação em que me encontrava, em Araraquara havia pouquíssimos prédios com mais de quatro ou cinco andares, e o que mais se destacava abrigava a fábrica de meias Lupo. De todos os pontos da cidade, por mais distante que alguém estivesse, era possível ver um dos quatro relógios localizados no alto do edifício. Em São Paulo, a todo momento, eu interrompia os passos e olhava para cima admirando o que era comum chamar naquela época de arranha-céus. Eu não me conformava em ver tantas pessoas sempre apressadas com aqueles olhos de quem olhava para frente sem ver nada. Aquele não era o meu mundo, aquela não era a minha cidade, aquelas pessoas não eram como os meus amigos.

No meio daquele povo que circulava no centro velho de São Paulo – especialmente no quadrilátero que compreendia as ruas Direita, do Comércio, Boa Vista e Líbero Badaró, esticando um pouquinho pelo viaduto do Chá até a Praça da República –, parecia impossível que alguém se conhecesse ou se reconhecesse. Era uma multidão só. O centro financeiro da capital ainda não havia migrado para a avenida Paulista, e os executivos e bancários se concentravam nessa região.

Fiz um grande esforço para me adaptar. Descobri, então, que o problema não era da cidade de São Paulo; o problema era meu. Aos poucos comecei a reconhecer algumas pessoas. O Seu Luís da Livraria Ornabi, na Benjamin Constant. O Carlos da Encadernadora Cristina, na José Bonifácio. O engraxate Geraldinho, no Largo São Bento. E, assim, fui me sentindo mais à vontade. Hoje, ao reconhecer e ser reconhecido por alguma pessoa, fico emocionado quando me lembro de como me sentia estranho, como se fosse mais um número sem identidade perambulando pelas ruas de São Paulo.

São essas experiências e esses momentos de superação que ajudam a construir a carreira profissional. A cada dia é preciso estar atento para aprender como se comportar e agir nas mais diferentes circunstâncias. Ter consciência de que o problema nem sempre está nas pessoas com as quais convivemos. Quase sempre os fantasmas estão dentro de nós mesmos.

Experiências que valem uma vida

De onde venho, quem sou, para onde vou? Toda vez que vejo fotos da Via Láctea, por exemplo, me conscientizo de que, como todo mundo, nunca terei respostas convincentes para essas questões. Se não posso solucionar essas dúvidas, ao menos posso me dedicar a viver bem a minha vida. Conheci alguém que soube o que fazer com sua existência. Só de pensar nos fatos que vou relatar fico emocionado. Foi um dos momentos mais marcantes da minha vida. Essa história tem como protagonistas um livro antigo e um amigo de quase cem anos de idade.

No início dos anos 1980, convidei o deputado Fernando Mauro Pires Rocha para ser o paraninfo de uma turma do nosso Curso de Expressão Verbal. Durante a solenidade de formatura, ele me presenteou com um livro que lhe havia servido como fonte de consulta para o discurso que fez aos formandos. Era uma primeira edição de *A arte de falar em público*, escrita pelo professor Silveira Bueno em 1933.

Embora tivesse mais de 50 anos, o livro estava com a capa original e muito bem conservado. À medida que lia cada um dos capítulos, fui me apaixonando pela obra. Os conceitos do autor eram muito semelhantes a tudo o que eu considerava importante sobre a arte de falar. Sempre que tinha oportunidade, pegava o livro, que estava à minha cabeceira, folheava sem pressa cada uma de suas páginas e ficava matutando como teria sido a vida do professor Silveira Bueno.

Por uma dessas boas coincidências, ao conversar por telefone com meu amigo Fernandes Soares, que também era professor de oratória, falei sobre essa minha curiosidade. Ele me disse: "Polito, é muito fácil matar essa sua curiosidade. O professor Silveira Bueno está bem velhinho, mas ainda está vivo". Aquela informação me deixou sem fôlego: "Ele está vivo? Velhinho? Quantos anos ele tem? Onde ele mora? Você tem contato com ele?".

Soares se divertiu bastante com a minha ansiedade e me contou o que sabia: "O professor Silveira Bueno já ultrapassou 90 anos, goza de ótima saúde e mora mais ou menos perto de você, ali na Vila Mariana. Tenho o telefone dele e vou repassá-lo a você, mas antes preciso lhe dar um aviso importante, Polito. O professor se tornou uma pessoa muito reservada, até um pouco ranzinza. Ele não é lá muito dado a receber visitas." Embora as palavras do Fernandes tenham me deixado um pouco preocupado, como eu tinha muita vontade de conhecê-lo, não hesitei nenhum instante para tomar a iniciativa de procurá-lo. Nunca deixei que o medo do desconhecido me impedisse de realizar o que desejava. Todas as vezes que, mesmo com medo, levei em frente meus planos importantes e consegui concretizá-los, senti-me gratificado e fortalecido para enfrentar novos desafios.

Quem atendeu meu telefonema e passou a ligação para ele foi seu sobrinho Geraldo. Ele me atendeu com a voz de uma pessoa idosa, mas que também demonstrava muita firmeza e segurança: "Pois não, aqui é o professor Silveira Bueno, quem deseja falar comigo?". Meu discurso já estava pronto. Procurei agir com naturalidade e contei toda a história em poucos segundos: "O senhor não me conhece, meu nome é Reinaldo Polito, sou leitor e admirador do seu livro. Quem me deu o número do seu telefone foi o professor Fernandes Soares, e tenho muita vontade de conhecê-lo". Sua resposta foi surpreendente: "Terei muito prazer em recebê-lo na hora em que o senhor desejar".

Diante daquela amabilidade, não vacilei. Disse que, se ele não se incomodasse, gostaria de visitá-lo ainda naquela mesma tarde. Como já repeti, nunca adio meus planos importantes. Ele me recebeu com um largo sorriso, como se nos conhecêssemos há muitos anos. Abriu a porta, me convidou para entrar, conhecer sua biblioteca e me deixou à vontade para retirar das estantes os livros que desejasse. Ao consultar algumas obras, comentei o fato interessante de todas terem anotações. Sua resposta veio com uma voz bem divertida: "É verdade, professor Polito, eu costumo ler meus livros".

Foi uma tarde inesquecível. Os assuntos da nossa conversa foram os mais variados. Falamos de livros, aulas, imprensa, formas de proteger a biblioteca das traças, oratória do passado e do presente, família, todos os temas que aguçaram minha curiosidade nas inúmeras vezes em que folheei seu livro.

Sua história era fascinante. Havia sido educado na Europa, catedrático de Filologia na Universidade de São Paulo, sempre foi muito religioso e se manteve solteiro. Entre suas principais façanhas, foi professor de português do Papa Pio XII. Sua experiência como professor de oratória se limitou apenas a duas turmas de alunos.

Fiquei impressionado quando ele me mostrou as revisões que fazia em seus livros. Nunca presenciei vitalidade semelhante: reescrever livros aos 93 anos. Segundo ele me disse, fazia aquele trabalho por paixão pelo que escreveu e para deixar um legado para as futuras gerações. Por mais religioso que fosse, ele também não sabia responder de onde veio e para aonde iria – mas soube como poucos o que fazer enquanto viveu e como se perpetuar pelo seu trabalho.

Essa é uma pergunta para a qual procuro encontrar respostas: "De que maneira posso usar minha competência e meu conhecimento para ser útil às pessoas que hoje convivem comigo e àquelas que virão nas próximas gerações?". Nos momentos em que sinto orgulho da resposta que dou para mim mesmo, tenho a sensação de que encontrei uma boa razão para viver. Assim como Silveira Bueno encontrou.

Ao nos despedirmos, ele perguntou se eu poderia voltar no dia seguinte. Voltei e nunca mais parei de frequentar sua casa. Convivi com o professor Silveira Bueno até o fim de sua longa e produtiva vida.

Neste momento, enquanto falo dele com saudade e emoção, estou folheando aquele mesmo livro que nos aproximou. O livro está intacto, bonito, autografado com sua letra trêmula, mas com evidente personalidade: "Ao batalhador da oratória, senhor Reinaldo Polito, a minha admiração. Professor Silveira Bueno. 12.12.1987".

No final de 1987, eu convidei o professor Silveira Bueno para participar da solenidade de formatura do nosso curso de Expressão Verbal e fazer uma palestra. Convidei sem acreditar em uma resposta afirmativa, pois com 93 anos julguei que ele fosse recusar. Surpresa: aceitou sem relutar.

O auditório do Buffet Colonial, em São Paulo, estava lotado. Foi difícil conter a emoção quando o professor caminhou sorridente pelo corredor e foi aplaudido de pé por todos os ouvintes. Sua palestra foi uma magistral aula de comunicação. Espirituoso, bem-humorado, eloquente, lúcido, expressivo, arrancou gargalhadas da plateia o tempo todo.

A primeira lição do mestre foi dada a partir de um sutil e inteligente artifício. Ele iniciou pedindo desculpas por falar sentado, pois alegou que não se apresentava em pé porque estava muito velho. Lógico que esse pedido de desculpas foi o meio que encontrou para explicar que, se puder, o orador sempre deve falar em pé para ter condições de se impor diante da plateia, ter mais domínio e poder sobre os ouvintes. Durante os 34 minutos da sua palestra, ensinou como falar em público, criticando até a comunicação de Ruy Barbosa, a quem havia assistido em três oportunidades.

O jornalista Heródoto Barbeiro, que foi professor de História, era o paraninfo daquela turma e ficou entusiasmado com o discurso do professor Silveira Bueno. Disse que aquela tinha sido uma grande aula de História, pois nunca ouvira dizer que Ruy Barbosa, o grande Águia de Haia, tivesse sido péssimo orador. Na semana seguinte, Silveira Bueno, que há tantos anos vivia recluso entre seus livros, virou notícia. Heródoto Barbeiro fez um programa inteiro na emissora de rádio comentando trechos da sua fala. Nessa mesma época, uma das alunas do nosso curso, que era jornalista do Estadão, fez uma matéria extensa com o professor Silveira Bueno, com uma grande foto dele na capa do *Caderno 2*. A reportagem recuperava as principais passagens de sua vida.

Eram os últimos tributos prestados ao grande mestre, que, pouco tempo depois, viria a falecer, aos 94 anos. As emissoras de televisão que noticiaram sua morte utilizaram imagens gravadas na palestra que fez na nossa formatura.

Fui à missa de sétimo dia na Igreja da Consolação, que, atendendo à sua vontade, foi rezada com cantos gregorianos. Ali pude conhecer alguns de seus antigos amigos, a maioria de professores universitários aposentados e de ex-alunos.

Quando produzi o CD que acompanha meu livro *Como falar corretamente e sem inibições*, fiz questão de incluir o trecho do discurso em que o professor Silveira Bueno fala de Ruy Barbosa. Pedi autorização para o Geraldo, seu sobrinho, aquele que atendeu o meu primeiro telefonema. Ele consentiu sem nem mesmo ter ouvido a gravação. Quando o livro ficou pronto, mandei entregar um exemplar em sua casa.

Pouco tempo depois, ele me ligou em prantos, dizendo que foi o melhor presente que já havia recebido – estava mesmo chorando de felicidade. Nessa ocasião, ele me disse que era exatamente assim que gostaria que as pessoas conhecessem seu tio, alegre, bem-humorado, espirituoso. E, por ser muito religioso, disse que o querido mestre estava lá no alto contente, pois sabia que a sua voz estava sendo ouvida por milhares e milhares de pessoas.

Foi a última vez que falei com o Geraldo. Algum tempo depois, sua esposa, Laís, me telefonou avisando que ele havia falecido. Nessa ligação, além de muitas outras coisas importantes para mim, ela fez questão de dizer que Geraldo sempre falava da amizade bonita que eu mantivera com seu tio nos últimos anos de sua vida.

Tenho todos os livros do professor Silveira Bueno, que pacientemente os autografou para mim. Alguns de seus dicionários continuam até hoje fazendo muito sucesso, em suas sucessivas reedições. Dentre todos seus livros, entretanto, tenho um carinho e um apego especial à primeira edição de *A arte de falar em público*, livro que me proporcionou a oportunidade de conviver com uma das personalidades mais marcantes que já tive a felicidade de conhecer.

Neste momento, enquanto escrevo este texto, durante as pausas, ao admirar o livro que, como mencionei há pouco, está aqui na minha frente, penso mais uma vez no professor Silveira Bueno, só que de uma maneira diferente daquela em que o li pelas primeiras vezes.

Agora já sei quem ele foi, o que representou, com quem vivia, como cuidava de seus livros e quem eram seus amigos – e me sinto realizado por saber que fiz parte da sua vida, assim como ele fará parte da minha vida para sempre.

Sempre senti enorme prazer em conversar com as pessoas idosas. Elas me ensinam muito – obviamente sem terem consciência de que estou aprendendo enquanto lhes dou atenção. O conhecimento que acumularam, a experiência que carregam fazem com que, além de serem interlocutores interessantes, contribuem para que eu me inspire nelas para tomar decisões acertadas, especialmente quando as questões estão ligadas ao relacionamento familiar ou aos rumos da vida.

As conversas com Silveira Bueno tiveram profunda influência em minha vida. Jamais me esqueci de seus conselhos e das suas reflexões.

Só para mencionar uma: "Ruy Barbosa não era um orador para ser ouvido ou escutado, mas sim um orador para ser lido. O que escrevia era uma maravilha, ninguém escreveu melhor que Ruy Barbosa – somente o Padre Vieira, que foi o professor dele. Mas para ouvi-lo era uma penitência". Relato impagável!

Experiência: Nunca se sabe onde e como usar

Todas as oportunidades de aprendizado podem ser úteis. Às vezes imaginamos que determinada experiência é passageira e que nunca mais iremos nos valer dela. Eu, por exemplo, nunca supus que uma atividade que desenvolvi quando ainda era garoto pudesse me ser de tanta valia. Mas foi. Esta também é uma história curiosa.

Hoje sei que a minha atividade de comunicador começou cedo. Eu não tinha ainda 15 anos de idade quando já perambulava pelos serviços de alto-falante em Araraquara. Até hoje me lembro do jargão que usávamos nos anos 1960: "Este é o serviço de alto-falante que abrilhanta as festividades da quermesse da igreja Nossa Senhora das Graças. Aqui você ouve as mais belas canções de ontem, de hoje e de sempre. Dando início à programação desta noite vamos ouvir, na voz de Ângela Maria, *Babalu*, que o rapaz de camisa azul oferece à moça de vestido rosa como prova de admiração e muito interesse".

Tudo muito simples, primário, ingênuo, bem de acordo com a vida tranquila e sem sofisticação que se levava. A comunicação perfeita para a época certa. O objetivo era chamar a atenção das pessoas para que comparecessem à quermesse e, ao mesmo tempo, proporcionar alegria e descontração àqueles que praticamente não tinham nenhum outro tipo de lazer.

A voz dos locutores (incluindo a minha) era impostada de maneira artificial e as palavras pronunciadas de forma exagerada. Eu era um garotão, estava ainda engrossando a voz, e várias vezes fui repreendido com severidade pelo Grila, que era o responsável zeloso por tudo o que acontecia naquele rudimentar serviço de comunicação. Ele dizia que, se eu continuasse usando o R gutural, jamais poderia me dedicar à comunicação. Eram conceitos de uma época em que o jeito de falar afetado se constituía num padrão dos locutores, principalmente daqueles que atuavam nos serviços de alto-falante.

Não se iluda pensando que só tocávamos *Babalu*. Não, entre um *Babalu* e outro giravam, com todos os chiados que tinham direito, *Quero beijar-te as mãos*, com Anísio Silva, *Carinhoso*, com Orlando Silva, e... dá-lhe *Babalu*.

Os rapazes costumavam se comunicar com as moças oferecendo músicas e se identificando pela cor da roupa. O *footing* começava por volta das 19h00 e terminava no máximo às 22h30. Era um tempo em que as pessoas se deitavam cedo porque no dia seguinte precisavam madrugar. Os rapazes enfileiravam-se dos dois lados da calçada, enquanto as moças, como se fosse um cortejo, em duplas ou em trios, de braços dados, passeavam entre eles, fazendo o mesmo trajeto o tempo todo.

Nessa caminhada, elas flertavam com aqueles que lhes despertavam interesse e, como não fazia parte do costume a mulher tomar a iniciativa de conversar com os rapazes, ficavam na torcida para que eles as procurassem. Por isso, os mais tímidos usavam o recurso do alto-falante para revelar suas intenções. Algumas moças que não eram tão bonitas frequentavam o *footing* todos os finais de semana, mas voltavam sozinhas para casa. Jovem ainda, eu ficava com dó delas e, de vez em quando, inventava que alguém que não existia lhes oferecia uma música. Não sei se ajudava ou não, mas a intenção era dar a elas um pouco de alento e de alegria. Pelo menos no dia seguinte teriam como contar alguma vantagem: "Ontem à noite me ofereceram música o tempo todo, mas, enquanto não aparecer aquele que me interessa mesmo, prefiro ficar sozinha".

Falar em *footing*, serviço de alto-falante e quermesse nos dias de hoje soa como se fosse coisa de outro século – e na verdade era mesmo. Entretanto, se observarmos bem, vamos verificar que o que era feito na época das quermesses interioranas ocorre ainda hoje, mas com uma roupagem diferente. As músicas que os rapazes ofereciam às moças, identificando-se apenas pela cor da roupa, nada mais são que os "modernos" e "revolucionários" torpedos enviados pelos telefones celulares, com ou sem imagem.

Os *footings* que as moças faziam todas as semanas, na esperança de encontrar alguém que pudessem namorar, nada mais são do que os passeios descontraídos que as meninas e meninos fazem pelos corredores dos shoppings, ou na praia, com o mesmo objetivo de encontrar o parceiro ou a parceira com quem possam "ficar", "ter um rolo", ou até namorar (essa expressão não precisa de aspas).

Quanto à comunicação em si, o Grila, provavelmente, me pediria desculpas por ter insistido tanto para que eu mudasse o R gutural. Deve se espantar ao ver que a maioria da população se expressa dessa maneira e que é uma forma de falar perfeitamente aceita por quem vive dentro ou fora dos praticamente extintos serviços de alto-falante.

As músicas, bem, as músicas. Quase caí das pernas quando outro dia, num badaladíssimo programa de televisão, vejo nada mais, nada menos do que Ângela Maria interpretando de forma magistral... *Babalu.* Fiquei ali diante da tela, matando a saudade daquele tempo em que as pessoas viviam com simplicidade, movidas por objetivos tão ingênuos para os dias de hoje.

Naqueles poucos minutos em que a grande rainha do rádio cantava aquela canção tão antiga, passou pela minha lembrança as moças de braços dados, sorrindo timidamente ao cruzarem com os olhos dos rapazes, e com o coração disparado na esperança de que eu ou o Grila disséssemos pelo serviço de alto-falante que "ele" estava oferecendo aquela música para ela, "como prova de admiração e muito interesse".

Fiquei emocionado, quase chorei. Olhei dos lados para me certificar de que estava sozinho e disse, estalando os dedos: dá-lhe, *Babalu*!

A HABILIDADE DOS MAIS EXPERIENTES

Há pouco tempo, fui treinar um grupo de executivos no hotel Jaraguá em São Paulo. Ao ver o ambiente, hoje todo remodelado, lembrei-me do encontro que tive naquele mesmo local com o ex-governador Leonel Brizola. Eu havia sido contratado para preparar a comunicação do então deputado Adhemar de Barros Filho, que se candidatara ao governo de São Paulo. Como ambos pertenciam ao mesmo partido político, pedi a Adhemar que intercedesse junto a Brizola, na esperança de que ele aceitasse ser o paraninfo de uma das turmas do nosso curso de Expressão Verbal. Era importante que ele aceitasse, pois os alunos o consideravam um dos melhores oradores em atividade no país.

Fomos eu e o professor Jairo até o hotel para fazer o convite pessoalmente. Assim que terminou a reunião do partido, o líder revolucionário veio em minha direção com um largo sorriso: "Caro professor Polito, o senhor não imagina a satisfação que tenho em conhecê-lo. O Adhemar me falou muito bem a seu respeito. Em que posso ajudá-lo?”. Todo satisfeito com a receptividade, fui direto ao ponto: “Gostaria muito que aceitasse o convite para ser o paraninfo das turmas do nosso curso de Expressão Verbal. Os alunos estão aguardando ansiosamente por uma resposta positiva, pois o consideram um dos maiores oradores da nossa história”.

Mantendo o mesmo sorriso, ele me disse: “Professor Polito, além de ter a honra de conhecê-lo pessoalmente, o senhor acaba de me dar uma das maiores alegrias, a de ser convidado para ser o paraninfo das turmas do seu curso. Jamais vou me esquecer deste momento, que me envaidece e me dá tanto orgulho. Prometo que vou caprichar no discurso para não decepcionar seus alunos e ao senhor. Quando o Adhemar falou a seu respeito e me perguntou se eu já ouvira falar sobre a sua escola de oratória, eu disse a ele que já o conheço de longa data, não só pelos seus livros, mas também pelas pessoas do meu relacionamento que têm passado pelo seu curso, e sempre refleti sobre uma questão: como a minha vida de orador teria sido diferente se tivéssemos nos encontrado há mais tempo! A data que o senhor marcou coincide com as viagens que programamos para esta fase da campanha. Por isso, peço-lhe que mantenha o convite de pé para outra oportunidade. Quero realizar este sonho que agora passa a fazer parte da minha vida – ser paraninfo de uma das turmas do seu curso”.

Nós nos despedimos, e o Jairo comentou, satisfeito: "Puxa, que belo encontro. Viu como ele gostou do convite?! Foi só elogio o tempo todo".

E eu disse a ele: "Mas você percebeu que ele não aceitou o convite?"

Brizola teve tanta habilidade em lidar com nossos sentimentos que, mesmo com a recusa do convite, saímos com a sensação de que ele havia dito um sim.

Essa experiência me fez tomar ainda mais cuidado para as situações em que preciso dizer não. Digo o que precisa ser dito, mas procuro sempre encontrar uma forma de não magoar as pessoas. Essa maneira de agir me ajuda a manter as portas abertas mesmo quando não posso concordar nem seguir os interesses de meus interlocutores.

A INFLUÊNCIA DO PAI E DA MÃE

Embora meu pai não tenha estado presente na minha formação, pois tentou tocar a vida em São Paulo, enquanto eu, minha mãe e meu irmão permanecemos em Araraquara, sua influência na minha vida foi decisiva. Sempre nos demos muito bem. Ele foi criado em uma época e viveu em um local em que, de maneira geral, as pessoas se preocupavam mais com o trabalho do que com a formação escolar. Dedicou-se à vida empresarial. Como ele dizia, se tivesse estudado mais, seria empregado de pessoas como ele. De certa forma tinha razão, pois profissionais formados nas melhores universidades trabalhavam em suas empresas.

Não era de falar muito. Preferia ouvir e só participar da conversa quando lhe faziam alguma pergunta ou quando se tratava de um assunto ligado a sua atividade. Sabia negociar e tinha uma determinação inabalável. Foi obrigado a se reerguer diversas vezes, sem nunca esmorecer.

Nas situações mais desesperadoras demonstrava tranquilidade, com a certeza de que o desafio seria vencido. Quando eu estava pressionado por algum problema sério, era ele quem me aconselhava. Às vezes ouvia e não dizia nada, mas só o fato de falar com ele já me tranquilizava. Se o problema fosse mesmo muito grave, aí sim se pronunciava e dava sua opinião.

Procurei seguir o seu exemplo. Em certas circunstâncias, quando me sinto incompetente para abraçar uma causa, tento pensar como ele se comportaria. E vou em frente com mais confiança. Não tenho dúvidas de que foi dele que herdei esse jeito meio teimoso de enfrentar os desafios que surgem a todo instante na vida de todos nós.

E minha mãe? Bem, sempre morei com minha mãe. Ela é querida por toda a família. Alegre, divertida, muito comunicativa, mas sua maior qualidade talvez seja a sensatez. Meus filhos são apaixonados por ela. Quando querem um bom conselho procuram a avó. Em mim, dá bronca como se eu fosse um garotinho.

Temos algumas atividades que nos dão imenso prazer: assistir aos jogos do Palmeiras pela televisão e fazer exercícios físicos – frequentamos juntos a mesma academia de pilates, na qual, com seus oitenta e tantos anos, me impressiona com sua elasticidade.

Fui e sou criado por ela. Sua maior herança foi a maneira correta e respeitosa de tratar as pessoas. É ela quem aglutina a família. Não hesita em tomar um ônibus e viajar sozinha centenas de quilômetros para visitar uma irmã ou uma sobrinha. Se não pode visitar, nunca deixa de telefonar. Fica ao meu lado conversando, assistindo aos programas de televisão enquanto escrevo meus textos. Pede para que eu os leia em voz alta e dá seu veredito se o artigo fará ou não sucesso. Acerta quase todas. Já mudei muitos textos por causa da sua opinião. Procuro sempre seguir seu exemplo, embora saiba que jamais terei a mesma competência.

A SATISFAÇÃO DE SER ÚTIL

Em determinado dia, recebi a visita de um amigo muito querido, Ruy Leal. Ele apareceu com uma pasta de papelão e algumas folhas rabiscadas com o rascunho de um projeto. Sua intenção era a de constituir uma ONG que capacitasse jovens estudantes para entrar no mercado de trabalho. Embora sua experiência nesse assunto fosse vasta, pois era um trabalho que desenvolvia há 25 anos, o plano era arrojado mas sem a certeza de que daria certo. Ele me convidou para ser o presidente do conselho fiscal e de administração.

Depois de um começo muito difícil, o plano começou a vingar. Hoje, a ONG Via de Acesso é uma das instituições mais respeitadas no país em seu segmento e conta com um corpo de conselheiros de primeira qualidade, todos dispostos a usar sua experiência e prestígio em benefício de uma boa causa. É um trabalho gratificante. Meu mandato já foi renovado mais de uma vez e sinto uma satisfação especial quando me dou conta de que esses jovens estudantes estão conseguindo abrir portas no mercado de trabalho para que possam aplicar seu conhecimento e se tornar profissionais úteis à sociedade.

QUE TERIA SIDO DE MIM?

Algumas amizades são tão antigas que chegam a se confundir com a nossa própria história de vida. Quando forço a memória para me lembrar de quem foi o meu primeiro amigo, não consigo pensar em ninguém que tenha conhecido antes do Nesião. Esse era o apelido do Anésio da Silva, que morava na rua Tupi, entre as avenidas 38 e 40, em Araraquara. A amizade era tamanha que havia um pequeno portão ligando o fundo da minha casa com a casa dele, para que pudéssemos entrar e sair sem precisar dar a volta no quarteirão.

Chamar o nome dos amigos de infância pelo aumentativo era muito comum. Depois do segundo encontro, o garoto já virava Bertão, Decião, Marcão, e todos aceitavam numa boa. Nesião era quase da mesma idade que eu e possuía duas características que me impressionavam: uma letra bonita, a mais bonita de todos os coleguinhas de escola, e uma incrível habilidade para inventar novas jogadas no futebol. Jogar contra ele era um pesadelo, pois, quando menos se esperava, surgia um drible espírita que deixava o adversário sem pai nem mãe. Nesião era um afro-brasileiro brilhante, sempre espirituoso e muito perspicaz. Parecia um ser onipresente – de maneira incompreensível conseguia estar em todos os lugares ao mesmo tempo. Bastava rolar uma bola que lá estava ele com suas canelinhas finas fazendo estripulias. Além disso, assim que a turminha se reunia na esquina para contar histórias, ele chegava de mansinho com seus dentes de marfim para ocupar um lugar na roda.

Falo dele no passado porque me lembro do Nesião como se ele ainda fosse aquele menino magrinho andando para cima e para baixo de calção, descalço e sem camisa – mesmo que hoje ele tenha 60 anos e continue morando na mesma casa ao lado da família. Quando converso com o Nesião, tenho a sensação de que o tempo não passou. Sua casa não mudou nada, sua fisionomia preserva as mesmas marcas do menino sapeca, as conversas quase ingênuas continuam as mesmas. Nesião continuou com a vida, com a família e com o endereço que sempre teve.

Não quis conhecer um mundo diferente que, com certeza, aguardava ávido por sua inteligência e criatividade. Deixou a vida passar lentamente pela calçada do 420 da rua Tupi. Ele me disse que até mudou de casa, mas continua frequentando a mesma calçada de sempre. Ele pode não ser mais onipresente, mas, pelo menos, continua nos lugares em que sempre esteve.

Quando me vejo aqui trabalhando 18 horas por dia, sem tempo de conversar com os amigos e às vezes nem com a própria família, me pergunto: que tipo de felicidade eu teria experimentado se tivesse continuado os últimos 50 anos como vizinho do Nesião? Para essa pergunta, acredito, nunca encontrarei uma resposta.

VOLTAR QUASE NUNCA DÁ CERTO

Manter contato com o passado imaginando que tudo poderia ser como antes é só ilusão. Curto meus amigos de infância, relembro o que marcou em minha vida, mas o que passou é melhor ficar apenas na lembrança.

Thomas Wolfe escreveu um romance intitulado *You can't go home again* (Não se pode voltar de novo para casa). Nele, conta a história de um escritor que publica um livro de grande sucesso narrando a vida das pessoas com as quais conviveu na sua cidade natal quando ainda era jovem. Anos depois, ao retornar àquele local, se sentiu como um estranho, pois tudo estava mudado. Tenho pensado muito nas reflexões de Wolfe, porque, por mais que desejemos reencontrar tudo do jeito que deixamos no antigo lar, o próprio curso natural da vida modificou aquele cenário – as pessoas mudam, a paisagem se transforma, o contexto social é outro. Ao fazer referência a uma época distante no tempo em que vivi em Araraquara, sei que se trata apenas das minhas lembranças, pois a realidade não é mais aquela. No campo da baianinha, onde jogava minhas peladas, construíram-se casas. Os cinemas que frequentei e que nos serviam até como ponto de encontro para as trocas de gibis agora são templos religiosos. Não é possível mais encontrar a Casa Barbieri ou Casa Esmeralda, que eram o sonho de consumo da população. O IEBA não é mais o mesmo – afinal, agora é IEEBA. Há pouco tempo, visitei um querido amigo que ainda vive em Araraquara, Gilmar Catarina Margonar. Fui até seu escritório de seguros na rua 2. Depois de matar a saudade dos bons tempos, ele me convidou para comer uns "quibinhos" na Kibelanche, bem em frente de onde estávamos.

Senti uma grande emoção ao entrar naquela lanchonete, que há 45 anos era o ponto de encontro da garotada. Pensei: "Ainda consigo me sentir em casa". Semanas depois, fiquei sabendo que o Aparício Dahab, dono do negócio, fechou as portas daquela Kibelanche. Fiquei triste, era uma importante referência para minhas reminiscências. Mesmo que reabra em outro lugar, aquele cenário se apagou com uma época que nunca mais voltará. Será que um dia também desaparecerá a sorveteria do Kawakami que frequento há mais de 50 anos no alto da rua 2? Tomara que não, mesmo sabendo que não se pode voltar de novo para casa.

Esse foi um aprendizado difícil para um saudosista como eu: revisitar o passado para compreender melhor o que a vida significou e significa para mim, mesmo sabendo que o que conta é o que realizo hoje e o que pretendo realizar nos próximos anos, como professor, empresário, escritor, filho, marido, pai, avô e amigo. Isso é o que vale.

O QUE EU NÃO DISSE TALVEZ NEM PARA MIM MESMO

Sinto que a minha vida profissional está no auge. Tenho experiência, um negócio bem-sucedido e ótima reputação. Sei, entretanto, que não sou eterno e que deverei passar o comando para que outras pessoas possam dar continuidade a essa obra esculpida durante todas essas décadas. Não é fácil pensar em sair de cena quando ainda existe energia e disposição para o trabalho e para muitas outras realizações. Sempre disse que gostaria de morrer em plena atividade, fazendo o que mais gosto, que é ministrar aulas e palestras.

Desde os primeiros anos, ouço as mesmas recomendações: amplie seu negócio com a abertura de franquias e delegue suas principais funções para outras pessoas. Sei que quem me diz isso sempre teve as melhores intenções. Talvez até tivesse razão. Por outro lado, se eu tivesse seguido esses conselhos, provavelmente, não teria me realizado como me realizei. Estou feliz assim. Não acho que eu deva parar para que outro ocupe meu lugar. Quero pensar que tudo pode ser realizado simultaneamente. Vou continuar fazendo o que mais sei fazer e que me dá tanta alegria, ao mesmo tempo em que outros possam me acompanhar nessa jornada. É como uma corrida de revezamento, onde quem está na frente continua correndo até quem está atrás passar o bastão. Espero que essa corrida continue ainda por muito tempo, pois tenho certeza de que nada na vida me deixará mais feliz do que exercer essa atividade para a qual me dediquei e ainda pretendo me dedicar muito mais.

Acho até que é mais uma de minhas teimosias, mas se tantas outras deram tão certo, por que esta também não poderia ser vencedora? O futuro dirá.

Editora Saraiva

Rua Henrique Schaumann, 270 - CEP: 05413-010
Pinheiros - Tel.: PABX (0XX11) 3613-3000
Fax: (11) 3611-3308 - Televendas: (0XX11) 3613-3344
Fax Vendas: (0XX11) 3611-3268 - São Paulo - SP
Endereço Internet: http://www.editorasaraiva.com.br

FILIAIS:

AMAZONAS/RONDÔNIA/RORAIMA/ACRE
Rua Costa Azevedo, 56 - Centro
Fone/Fax: (0XX92) 3633-4227 / 3633-4782
Manaus

BAHIA/SERGIPE
Rua Agripino Dórea, 23 - Brotas
Fone: (0XX71) 3381-5854 / 3381-5895 / 3381-0959
Salvador

BAURU/SÃO PAULO
(sala dos professores)
Rua Monsenhor Claro, 2-55/2-57 - Centro
Fone: (0XX14) 3234-5643 / 3234-7401
Bauru

CAMPINAS/SÃO PAULO
(sala dos professores)
Rua Camargo Pimentel, 660 - Jd. Guanabara
Fone: (0XX19) 3243-8004 / 3243-8259
Campinas

CEARÁ/PIAUÍ/MARANHÃO
Av. Filomeno Gomes, 670 - Jacarecanga
Fone: (0XX85) 3238-2323 / 3238-1331
Fortaleza

DISTRITO FEDERAL
SIG Sul Qd. 3 - Bl. B - Loja 97 - Setor Industrial Gráfico
Fone: (0XX61) 3344-2920 / 3344-2951 / 3344-1709
Brasília

GOIÁS/TOCANTINS
Av. Independência, 5330 - Setor Aeroporto
Fone: (0XX62) 3225-2882 / 3212-2806 / 3224-3016
Goiânia

MATO GROSSO DO SUL/MATO GROSSO
Rua 14 de Julho, 3148 - Centro
Fone: (0XX67) 3382-3682 / 3382-0112
Campo Grande

MINAS GERAIS
Rua Além Paraíba, 449 - Lagoinha
Fone: (0XX31) 3429-8300
Belo Horizonte

PARÁ/AMAPÁ
Travessa Apinagés, 186 - Batista Campos
Fone: (0XX91) 3222-9034 / 3224-9038 / 3241-0499
Belém

PARANÁ/SANTA CATARINA
Rua Conselheiro Laurindo, 2895 - Prado Velho
Fone: (0XX41) 3332-4894
Curitiba

PERNAMBUCO/ ALAGOAS/ PARAÍBA/ R. G. DO NORTE
Rua Corredor do Bispo, 185 - Boa Vista
Fone: (0XX81) 3421-4246 / 3421-4510
Recife

RIBEIRÃO PRETO/SÃO PAULO
Av. Francisco Junqueira, 1255 - Centro
Fone: (0XX16) 3610-5843 / 3610-8284
Ribeirão Preto

RIO DE JANEIRO/ESPÍRITO SANTO
Rua Visconde de Santa Isabel, 113 a 119 - Vila Isabel
Fone: (0XX21) 2577-9494 / 2577-8867 / 2577-9565
Rio de Janeiro

RIO GRANDE DO SUL
Av. A. J. Renner, 231 - Farrapos
Fone: (0XX51) 3371-4001 / 3371-1467 / 3371-1567
Porto Alegre

SÃO JOSÉ DO RIO PRETO/SÃO PAULO
(sala dos professores)
Av. Brig. Faria Lima, 6363 - Rio Preto Shopping Center
Vila São José
Fone: (0XX17) 227-3819 / 227-0982 / 227-5249
São José do Rio Preto

SÃO JOSÉ DOS CAMPOS/SÃO PAULO
(sala dos professores)
Rua Santa Luzia, 106 - Jd. Santa Madalena
Fone: (0XX12) 3921-0732
São José dos Campos

SÃO PAULO
Av. Marquês de São Vicente, 1697 - Barra Funda
Fone: PABX (0XX11) 3613-3000 / 3611-3308
São Paulo

VERSAR

EditoraVersar
Rua Albino Rodrigues Costa, 36
04016-020 — São Paulo — SP
Telefone: 5083-1274
www.versar.com.br

Impressão e Acabamento
assahi
gráfica e editora ltda.